不得不知的人类文明

BUDEBUZHI DE RENLEI WENMING

中国小镇
ZHONGGUO XIAOZHEN

知识达人 编著

成都地图出版社

图书在版编目（CIP）数据

中国小镇 / 知识达人编著 . —— 成都：成都地图出版社，2017.1（2021.5 重印）
（不得不知的人类文明）
ISBN 978-7-5557-0438-6

Ⅰ.①中… Ⅱ.①知… Ⅲ.①乡镇—介绍—中国
Ⅳ.① K928.5

中国版本图书馆 CIP 数据核字 (2016) 第 210473 号

不得不知的人类文明：中国小镇

责任编辑：马红文
封面设计：纸上魔方

出版发行：	成都地图出版社
地　　址：	成都市龙泉驿区建设路 2 号
邮政编码：	610100
电　　话：	028 - 84884826（营销部）
传　　真：	028 - 84884820

印　　刷：固安县云鼎印刷有限公司
（如发现印装质量问题，影响阅读，请与印刷厂商联系调换）

开　本：	710mm×1000mm　1/16		
印　张：	8	字　数：	160 千字
版　次：	2017 年 1 月第 1 版	印　次：	2021 年 5 月第 4 次印刷
书　号：	ISBN 978-7-5557-0438-6		
定　价：	38.00 元		

版权所有，翻印必究

前言

威尼斯为什么建在水上？四大文明要到哪里寻找呢？拉菲庄园为什么盛产葡萄酒？你想听听赵州桥的故事吗？你知道男人女人都不穿鞋的边陲古寨在哪里吗？你去过美丽峡谷中的德夯苗寨吗？

《不得不知的人类文明》包括宫殿城堡、古村古镇、建筑奇迹等。它通过浅显易懂的语言、轻松幽默的漫画、丰富有趣的知识点，为孩子营造了一个超级广阔的阅读和想象空间。

让我们现在就出发，一起去了解人类文明吧！

目录

瓷器之都景德镇　1

灯饰之都古镇镇　8

文化名镇朱仙镇　14

吴越明珠西塘村　22

龙门古镇　30

鱼米之乡同里　37

四山匝瀑尽鸣蛙
天外银河一道斜

目录

诗意水乡周庄　47

中国最美乡村婺源　55

山西古镇平遥　63

山东台儿庄　73

云南明珠丽江　80

目录

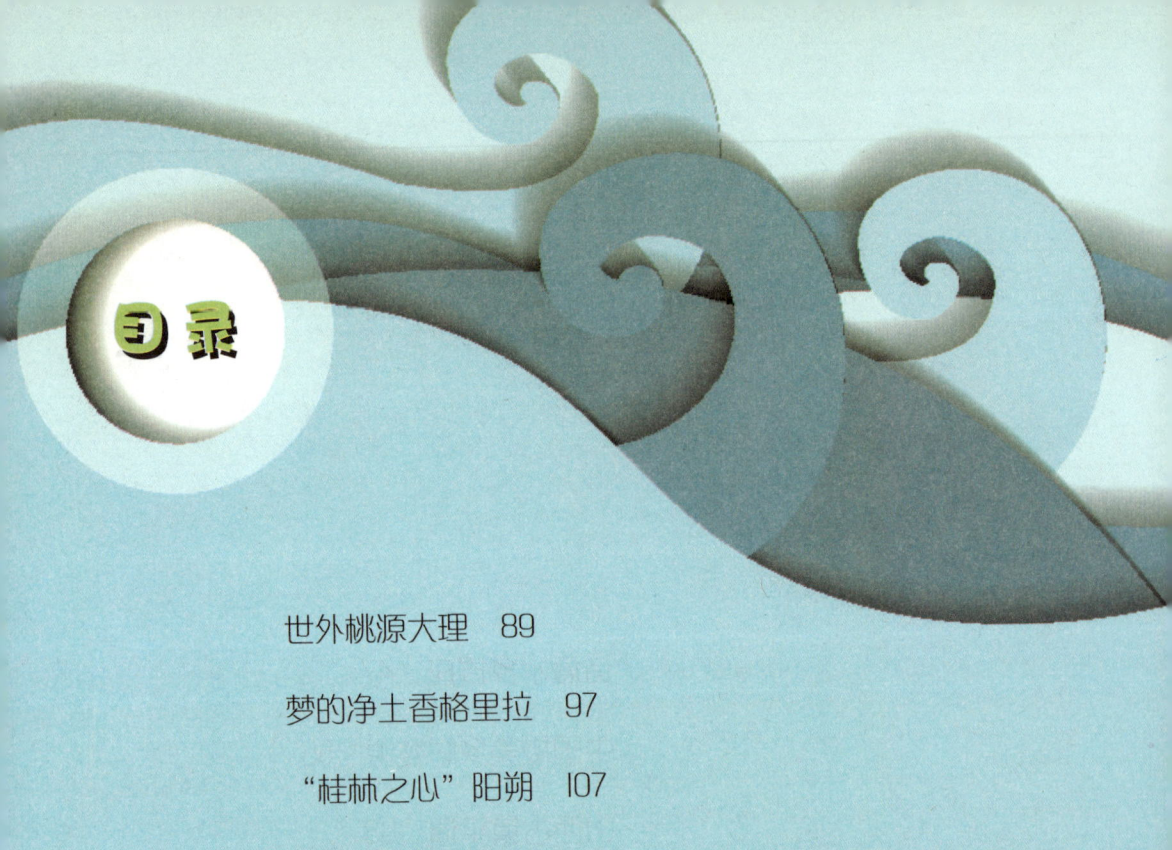

世外桃源大理　89

梦的净土香格里拉　97

"桂林之心"阳朔　107

客都明珠侨乡村　114

瓷器之都景德镇

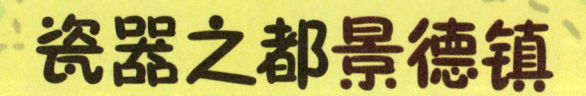

"素胚勾勒出青花笔锋浓转淡,瓶身描绘的牡丹一如你初妆。"相信小朋友们对这首《青花瓷》都不陌生吧。青花瓷明净素雅,是我国最具民族特色的瓷器种类之一。而一提起我国的瓷器,就不得不提起下面这座古镇,它就是瓷都——景德镇。

景德镇位于我国江西省的东北部,地处黄山、怀玉山余脉和鄱阳湖平原的过渡地带,与广东的佛山、湖北的汉口、河南的朱仙镇并称为我国明清时期的四大名镇。

景德镇从五代时期就开始生产瓷器了。一千多年来,景德镇的制瓷业汇集了历代名窑及各地技艺的精华,形成了风格独特的手工制瓷生产体系,书写了中国陶瓷史上最辉煌灿烂的历史。景德镇的制瓷业成就高、影响大、技艺精湛、品种齐全,是其他地方的和窑场难以逾越的。

说到这儿,大家一定很好奇吧!都说景德镇的瓷器好,那究竟好在哪儿呢?下面,我们就来说一说这景德镇的瓷器。

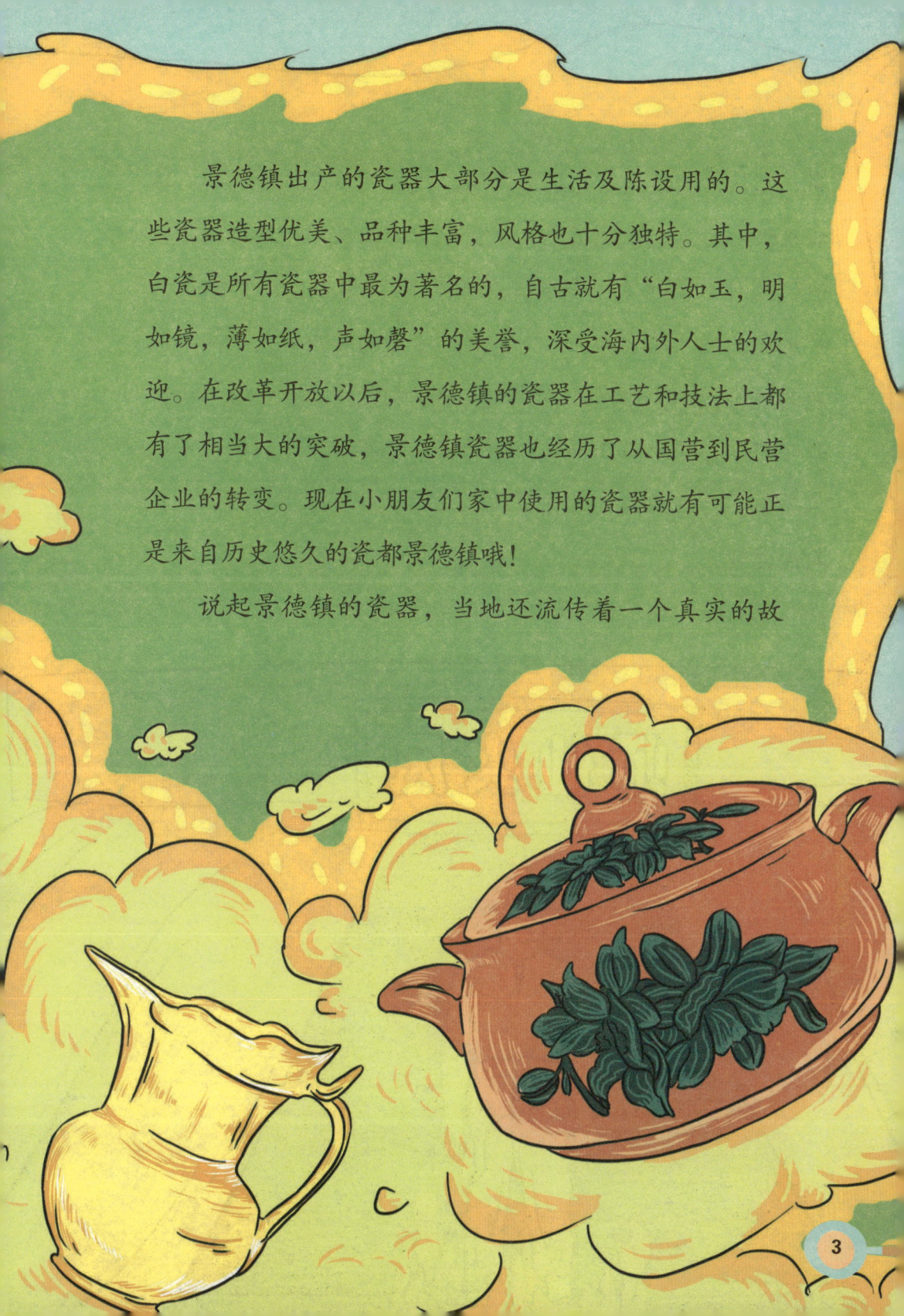

景德镇出产的瓷器大部分是生活及陈设用的。这些瓷器造型优美、品种丰富，风格也十分独特。其中，白瓷是所有瓷器中最为著名的，自古就有"白如玉，明如镜，薄如纸，声如磬"的美誉，深受海内外人士的欢迎。在改革开放以后，景德镇的瓷器在工艺和技法上都有了相当大的突破，景德镇瓷器也经历了从国营到民营企业的转变。现在小朋友们家中使用的瓷器就有可能正是来自历史悠久的瓷都景德镇哦！

说起景德镇的瓷器，当地还流传着一个真实的故事。相传景德镇古窑瓷厂有座庙，叫作"风火仙师"庙。这庙里供奉的是一位烧窑瓷工的塑像。小朋友们一定会问了，他们为什么要供奉一个瓷工的塑像呢？原来，这个被奉为"风火仙师"的窑工，名叫童宾，活着的时候曾是个技术高超的烧窑瓷工，他家里世世代代都以制瓷为业。童宾从小就聪明好学，从十二三岁起，就能自己烧窑看火了。因为他技术熟练，为人正直，又肯帮助人，所以一直深得镇里做瓷器人的爱戴。

大概在明朝万历年间的时候，皇帝派太监潘相到景德镇征税。他一到镇上，就开始到处搜刮民脂民膏，还强逼陶工们为他制作数目庞大的各种古怪精巧的瓷器。景德镇的陶工们披星戴月地赶制，但由于这些瓷坯造型奇特，不能用传统的制作方法，烧窑的火候也很难掌握，所以每次开窑烧制出来的瓷器都有瑕疵，始终烧不出一件像样的瓷器。跛扈的潘相眼看着一窑窑的瓷器都烧不成器，生气极了，于是他决定到窑场亲自监工。在他残暴的淫威下，瓷工们拖着异常疲惫的身子，无奈地支撑在炕人的窑门口。童

宾眼看同伴们一个个地倒下了,心里十分悲愤难过。他对潘相说:"我用我的生命担保能把瓷器烧好,请你立即改善窑工的待遇,不要再虐待大家了。"潘相听童宾说能把瓷器烧成,于是就答应了他提出的要求。那之后,童宾便飞身跳进了烧得通红的瓷窑里,窑工们看到了这悲壮的一幕,不禁落下了心痛的泪水。几天以后开了窑,瓷器果然全都烧成了,每一件都洁白如玉,端端正正。为了纪念为此献身的童宾,瓷工们把他的骨灰安葬在了镇里的凤凰山上,还为他建了一座庙,塑了他的雕像,将他奉为"风火仙师"。

景德镇除了盛产瓷器之外,景色也是极秀丽的。据传,景德镇是个凤凰地,河西、三闾庙和太白园,

都有起伏连绵的凤凰山。而在那半边街、童关栅门则都有历史悠久的凤凰桥，传说中凤凰停留过的地方，都是吉祥的地方，所以才有"凤凰展翅半边街"这样的句子。

有人说，陶瓷是一种旋转的艺术，岁月它在旋转中站立，文明它在旋转中升华。瓷都景德镇是水、火、土共同塑造出来的精灵，风雨两千年，它风采依旧。它定会将这历史积淀下的瓷与瓷艺传承下去，并创造出更辉煌的未来。小朋友们如果也喜爱精美的瓷器，一定不要忘了找个机会去景德镇看一看哦！

青花瓷

青花瓷，又叫作白地青花瓷，简称青花，是我国瓷器的主流品种中的一种，属釉下彩瓷。青花瓷以含氧化钴的钴矿为原料，在陶瓷的坯体上勾画纹饰，再将一层透明釉罩在上面，然后经过高温还原焰一次烧成。钴料烧成后会呈现出蓝色，具有着色力强、颜色鲜艳、色系稳定等特点。青花瓷起源于唐宋，成熟的青花瓷要从元代时景德镇的湖田窑的青花瓷算起。明代时青花成为瓷器的主流代表，清代康熙时青花瓷发展到了顶峰。明清时期，人们还创烧了青花五彩、豆青釉青花、青花红彩、黄地青花、哥釉青花等各种衍生品种。

灯饰之都古镇镇

前边我们讲了景德镇与广东佛山、湖北汉口、河南朱仙镇并称为明清时期的中国四大名镇。景德镇是著名的瓷都，那小朋友们想不想知道剩下的几个名镇又有什么特色呢？

下边我们要讲的这个古镇就与佛山有着千丝万缕的联系。它位于广东省中山市西北面，正是中山、江门、佛山市三市的交会处。这个古镇的名字十分有趣，它就叫作古

镇镇。

古镇镇史称"曹古海",现在整个镇的总面积有52.22平方千米,有800多年的历史,是一个离中央政府很远的小镇。史书上有过记载,曹古海一带,早在隋唐的时候分别是大冈山、日富山附近的两座孤岛。这里的海面宽广,人口稀少,人们大多以渔业为生,很少有与农业生产有关的记载。

第一批在古镇镇扎根的人可都是些经历过磨难、劫后重生的人哦!为什么会这么说呢?原来,这些最先在古镇镇生活的人都是被朝廷流放了来充军的人,还有一些戍边的人和中原为了逃避战乱而辗转南下的难民。由于古镇镇并不产粮食,这些先人只好靠出海打鱼为生。宋元两代过去之后，珠江三角洲的冲积平原面积渐渐扩大，再加上北辽时契丹、女真、蒙古族都相继入侵，特别是南宋以来的北方战乱，使得难民南迁，这些难民为古镇镇带来了中原先进的生产技术和生产工具。

几百年过去了，古镇镇的先人们不停地劳作着，汹涌澎湃的大海成就了他们冒险的天性；温和的气候造就了他们兼容平和的性格；曾经一波三折的经历让他们变得沉稳勇敢。他们的生活就像我们向往的田园牧歌，逍遥自在。这样的生活持续到了20世纪80年

代，从第一个古镇镇的人提灯走天涯那一刻起，这个名不见经传的南国小镇，就开始进入了人们的视野。从此，古镇镇的历史终于翻开了新的篇章。

介绍到这里，相信许多小朋友都想问了，古镇镇是怎么变成灯饰之都的呢？最初，古镇镇的人都是从一根电线、一条弯管、一只灯泡制作而成的简易台灯起家的。最开始是家庭作坊，成本低也没什么利润。后来古镇镇的人开始了模仿，国内外任何一款新型灯饰只要一问世，不出一个月的时间，你就能在古镇镇

的灯饰店里看到完全相同的仿制品出现！

　　小朋友们知道吗？一年一度的中国·古镇国际灯饰博览会，就是古镇镇灯饰照明企业跨出国门的"敲门砖"呦！自从第一届国际灯饰展结束后，古镇镇人也意识到了想争取更大市场，就必须从"仿造"走向"创造"的道理，这样的认知使得古镇镇的灯饰业又进一步发展，加速了企业创新的速度和力度。

　　古镇镇的人们凭着他们吃千辛万苦、说千言万语、想千方百计、走千山万水的"四千"精神，完成了从"提灯走天涯"到"中国灯都"的华丽蜕变，成就了古镇镇现在

的繁荣与辉煌。

  现在的古镇镇家家户户都在做灯饰的生意，夜幕四合时这里会变成一片灯的海洋。小朋友们如果喜欢精致的灯饰，一定要到古镇镇去赏玩一番哦！古镇镇今天的繁荣是古镇镇人用自己的努力换来的，小朋友们欣赏灯饰之余更应该学习这种从头做起，不喊累、不放弃的精神，只有不懈努力才能最终换来成功哦！

文化名镇朱仙镇

讲过了瓷都景德镇，也讲过了美丽繁荣的灯都古镇镇，下面我们就来认识下另外一个历史文化名镇——朱仙镇吧。

相传朱仙镇在战国时是朱亥的故里，朱亥的居所叫仙人庄，所以他居住的镇子就叫朱仙镇了。朱亥最开始的时候是个屠夫，因为他英武果敢，被信陵君招去做食客，那以后他在退秦、救赵、存魏的几场战役中立下了许多汗马功劳，因此，许多人都说信陵君的盖世英名与他任用了朱亥是分不开的。

朱仙镇的全盛时期，是明末清初的时候。当时朱仙镇的总面积达到了25平方千米，有20多万人口，4万多户民商。朱仙镇内货物云集，街道纵横。贾鲁河将镇子分成了东镇和西镇。明清两代时东镇是重要的市街。乾隆之后，黄河决溢，镇中水患频繁，因为东镇的地势较低，所以商贾们多由东镇移至西镇。

说到了朱仙镇，就有两样东西一定要讲一讲，这第一样，就是朱仙镇的木版年画。相信很多小朋友都很喜欢代表着喜庆吉祥的木版年画吧。朱仙镇的木版年画，起源于唐代，兴盛于宋代，鼎盛则在明清。它不但历史悠久，

而且源远流长，是我国著名的四大木版年画之一。朱仙镇年画的特点就是构图上很饱满，线条上简单粗犷，造型上古朴夸张，色彩上新鲜艳丽。年画中的人物一般头大身小，既有喜剧效果又不会觉得不匀称。有很多地方的年画人物脸部都用红脸蛋来装点，而朱仙镇的年画却不这样。在中国传统的民间工艺中，大家都把老虎画成黄色或红色，而朱仙镇年画中的老虎却是黑色的。朱仙镇年画这种不拘泥于传统的创作方法，广受中外美术爱好者的好评。

朱仙镇木版年画十分注重用色，色彩特别纯净，印制出的年画不仅明快鲜艳，久不褪色，而且构图匀称，艺术风格独特，深受人们的喜爱。

朱仙镇的另一样特产，想必小朋友们就更加喜欢了，它就是豆腐干！朱仙镇五香豆腐干，原名"五香茶干"。相传最初时这种豆腐干为战国时齐国的名产，是齐宣王赐的名，唐朝时这种食品传入朱仙镇，后来常被作为贡品向唐朝的皇帝进贡。明代末期之后，五香豆腐干由朱仙镇王姓"玉棠号"继续制作，到今天已祖传十余代了，真是经久不衰啊！

朱仙镇的五香豆腐干选用的原料是开封优质黄豆和古泉水。先将它们制成质地细腻、洁白如玉的豆腐，然后再逐一配上大茴、桂皮、丁香、豆蔻、砂仁等多种调味品，最后经过卤制风干而成，成品豆腐干皮黑肉黄、可口异常，回味无穷。这种豆腐干里含有丰富的蛋白质和维生素，常吃的话有生津止渴，固齿健胃，防暑抑晕的良好作用。而且，听说朱仙镇的豆腐干虽然又窄又薄，但是手艺好的厨师却能将它切成一百多片薄如纸片的豆腐片或细如粉丝的豆腐条哦！想一想这美味的豆腐干，小朋友们是不是都想到朱仙镇来看一看呢？

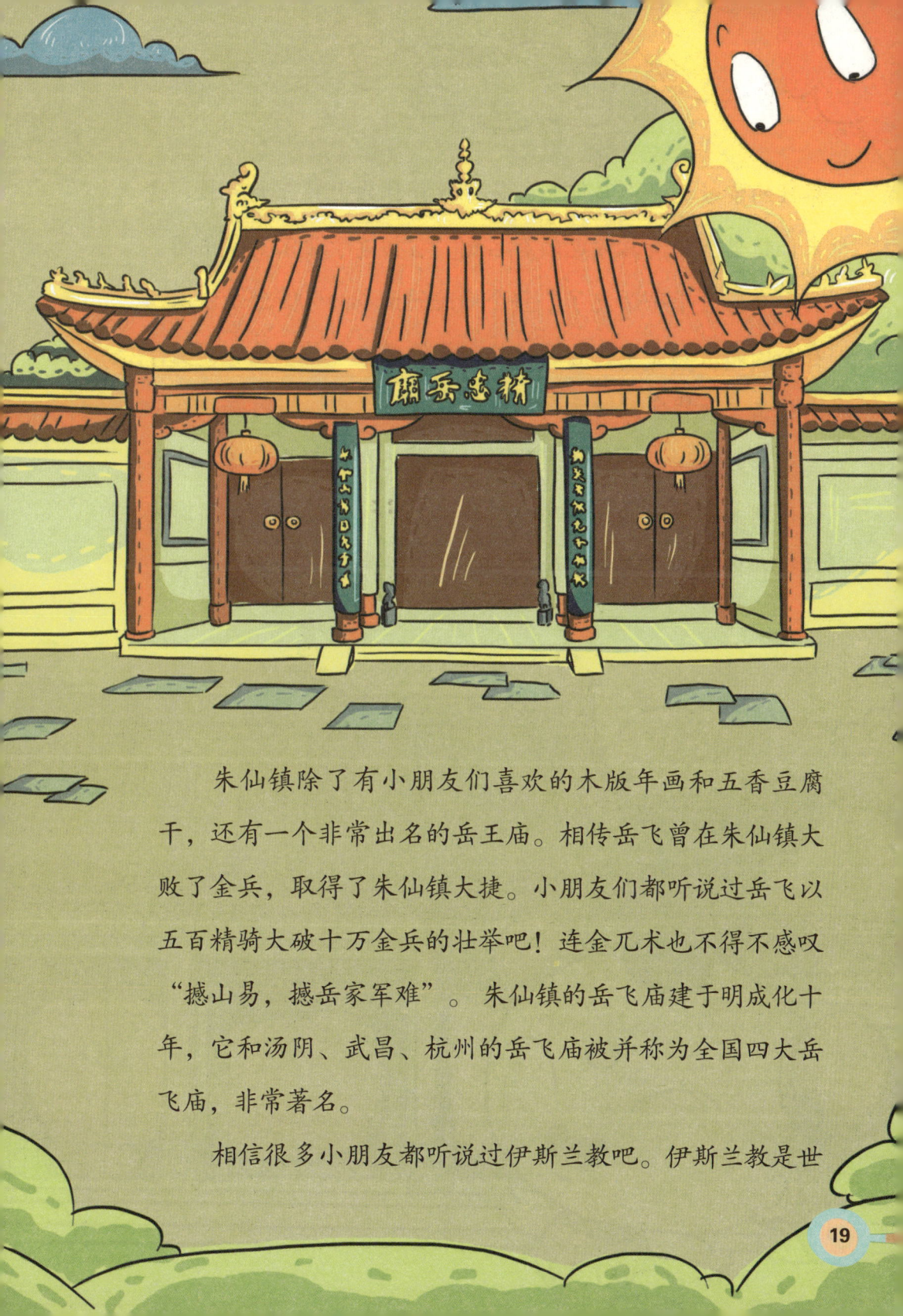

朱仙镇除了有小朋友们喜欢的木版年画和五香豆腐干，还有一个非常出名的岳王庙。相传岳飞曾在朱仙镇大败了金兵，取得了朱仙镇大捷。小朋友们都听说过岳飞以五百精骑大破十万金兵的壮举吧！连金兀术也不得不感叹"撼山易，撼岳家军难"。朱仙镇的岳飞庙建于明成化十年，它和汤阴、武昌、杭州的岳飞庙被并称为全国四大岳飞庙，非常著名。

相信很多小朋友都听说过伊斯兰教吧。伊斯兰教是世界性的宗教之一，与佛教、基督教并称为世界三大宗教。这朱仙镇里有座清真寺也颇有名气。它初建于北宋太宗年间，到如今已有千年历史了。整个寺院的面积为9000余平方米，在全国的清真寺中，它的建筑和装饰风格都属罕见。据说，当年岳飞大战金兵时元帅府就设在这个寺内。当时岳飞在寺里乘凉的槐树——"相思槐"，至今仍在寺里生长着。寺里还保留着一座清嘉靖十年的阿拉伯文碑，上面记载着当时朱仙镇穆斯林朝拜真主时的空前盛况，是河南省保存最完整的

阿拉伯文碑。

　　小朋友们要是有机会可以到朱仙镇游玩，千万要记得看一看朱仙镇别具特色的木版年画，尝一尝最地道的五香豆腐干，再去岳王庙里领略一下抗金英雄的风采，到相思槐下感受一下历史的积淀。相信有着灿烂的历史的朱仙古镇，会有更加繁荣的未来！

年画

　　年画是中国画的一种，始于古代的"门神画"。清代光绪年间，开始被称为年画，是一种我国所特有的绘画体裁，是中国农村老百姓非常喜欢的艺术表现形式。年画一般都在新年时张贴，寓意着吉祥喜庆。传统民间年画一般用木板水印制作。旧年画因画幅的大小不同以及加工的多少不同而有不同的称谓。整张大的年画叫"宫尖"，一纸三开的年画叫"三才"；加工多而细致的年画叫"画宫尖""画三才"；颜色上用金粉描画年画的叫"金宫尖""金三才"；六月以前制作的年画叫"青版"；七、八月以后制作的年画叫"秋版"。

吴越明珠西塘村

提起江南便会想到小桥流水，水声温软如呢喃细语。江南的温柔水土养育出的古镇不同一般，接下来我们要带小朋友们领略的就是西塘村的风光。

关于西塘这个名字的由来，当地还流传着这样一个传说。西塘镇的东北方向有一个面积很大的湖荡，它是嘉善县境内最大的湖泊之一。传说北宋真宗年间，曾经有一户唐姓的富贵人家迁居到荡边的附近居住，他们看到了这个景色秀

丽的湖，湖中盛产翠鸟与红菱，这两种东西都为吉祥之物，当时正值祥符年间，他们就以"祥符"两字命名了这个湖荡。唐家有弟兄两人，在祥符荡边悠闲地生活着，后来他们分了家。哥哥住在荡东边，人称东唐，弟弟住在荡的西边，人称西唐。再后来哥哥这边逐渐不似以往繁荣了，而弟弟这边子嗣却十分兴旺，就像一棵生出许许多多树枝的繁茂大树。后来人们就把他们的"唐"字边上加了个土，把这里叫作西塘。

西塘可是吴越文化的发祥地之一。早在春秋战国时期，

西塘就是吴越两国相交的地方，所以西塘一直有着"吴根越角"和"越角人家"的称号。西塘在唐、宋时期形成了村镇，到了元、明朝时期，它便凭借着鱼米之乡、盛产丝绸的经济基础和水运的便捷，逐渐发展成了一座繁华又富庶的大镇，各种行业都日益兴旺。

西塘现在还存有许多古宅大院，这些都是古镇的先人遗留下来的。因为当时的西塘通行主要以水路为主，很少有外来骚扰，所以西塘才能完美地将古镇保留至今，让祖先的遗产能得以延续。

小朋友们知道吗？西塘与其他水乡古镇最大的不同在于古镇中临河的街道都有廊棚，这些廊棚的总长度接近千米，就像那颐和园的长廊一样长哦！小朋友们如果去西塘旅游，在雨天也不会淋雨，在晴天也不会被太阳晒。说到这廊棚，在江南水乡，分散的、几户合一的廊街到处都可以看到，可是这廊街长达1300多米的，就只有西塘了。西塘的廊街，一边是民居和店铺，另一边就是河，廊街紧贴着小河，蜿蜒曲折，美丽缠绵。走进廊街，映入眼帘的就是两岸的水上人家和河埠。如果遇到雨天，雨水就会形成一道细密的雨帘，当

真是一帘幽梦，美不胜收啊。

　　关于这些廊街的由来，并没有官方的记载，只有民间流传的段子。相传这西塘曾经有个开烟纸店的老板，一天店铺关门时，看见一个乞丐正在店前的屋檐下避雨，就让他到屋里来。乞丐却不好意思，老板就用竹帘临时搭了个小棚给乞丐躲雨。第二天乞丐在店门板上留下了这样一行字："廊棚一夜遮风雨，积善人家好运来。"自那以后烟纸店的生意果然十分兴隆。店主为了感谢乞丐，就在店面前的屋檐下搭建了砖瓦齐全的廊街，这就是最早的廊棚了。

　　西塘的夜景尤其美，走上小桥，蜿蜒的小河向东西延伸，岸边挂着鲜艳的红灯笼，绯红的光芒倒映在平静的河面上，有一种宁静的美。河的两岸是水乡特有的二层建筑，若正逢月亮升到屋顶，月光下的小楼则别有一番韵味。

　　水乡水乡，既然有水，必然有桥。西塘自然有许多大大小小的桥伴着潺潺流水，下面就来给小朋友们介绍最有代表性的一座桥——卧龙桥。

　　卧龙桥是西塘一座有名的石桥，相传它原来是一座木

桥，年久失修。后来有一天，桥边住的一个姓朱的人看到一个孕妇失足落水死了，就想重建这座桥，可是苦于没有资金。那以后他就落发为僧，四处奔走化缘了10年，筹集了白银三千两，开始建桥。等到他攒的银子都用完以后，桥上还缺一些石料，和尚却死了。这建了一半的桥也要停工了，这时，有两位神仙恰巧来到西塘，他们听说西塘豆腐干非常有名，便去吃了一些，赞不绝口，正在陶醉之时，一块豆腐干从天上掉了下来正落到了未完工的卧龙桥上，变成了桥面。所以卧龙桥的桥面才是很大的一整块石头。卧龙桥上还刻着

一条龙，至今仍然清晰可见。

　　西塘之美，并不惊心动魄，却能常驻心头。西塘有春秋的水、唐宋的镇、明清的建筑、现代的人。行走在静谧的古道上，倾听自然的风声，看着经历千年风雨的小镇，那丰盈的历史感浸透了青石板路，在日光炙热的午后漫卷而来，如水般清凉，这样的西塘就像一个与世无争的温柔幻境。小朋友们若有机会去江南，一定要到西塘走一走，站在廊棚下看一看西塘的小桥流水，与无数古人一起梦落西塘……

廊棚

　　廊棚，就是带屋顶的街。历史上比较出名的廊棚就是西塘的廊棚，西塘的廊棚有的在河边，沿河的那边一般设有靠背长椅，供过路的人歇息，廊棚的顶有"一落水""二落水"，也有过街楼形成的廊棚的屋顶，这些廊棚样式虽不同但都可以使行人免受那日晒雨淋之苦。天气晴好的时候，廊棚可以遮阳；雨天的时候，廊棚可以为游客们挡雨。临河的那些廊棚是最具特色的。雨天的时候，缓缓漫步在烟雨长廊之下，会让人心生一种怀旧的感觉。

龙门古镇

小朋友们看过浙江龙门古镇的俯视图么？它俯瞰起来就像一只千年老龟，形状这么有趣的地方，肯定有它的独特之处，下面就让我们一起来看看吧。

东汉名士严子陵游览龙门山时称赞这里"此地山清水秀，胜似吕梁龙门"，龙门古镇因此而得名。龙门镇又被称为龙门古镇，坐落在浙江省富阳市，面积为27.2平方千米。

小朋友们一定都听说过孙权吧。他可跟浙江龙门古镇有

着非同一般的关系哦！龙门村中90%以上的人口都姓孙，他们可都是孙权的后人！

每年九月初一的龙门庙会就是孙氏后人从北宋的时候延续下来的风俗，到现在已经有近千年的时间了。和其他的庙会不一样，孙氏后人的庙会除了会演戏、拜菩萨、拜祖宗外，他们还会在这一天大摆宴席。家家户户都会准备上那么几桌、十几桌，请上亲朋好友，开开心心地大吃一顿。小朋友们知道吗，这宴席的花销可远远超过春节呢！此外，龙门与其他地方不同的习俗还有同年会、祭祖、元宵节等。元

宵佳节的龙门古镇非常热闹好玩，挂满了花灯，充满了鞭炮声、锣鼓声，把龙门古镇的人们卷入到一片欢声笑语中。

龙门的建筑也很有特色。龙门古镇完整保留了明代至民国时期的风格各异的祠堂、厅堂、民居、古塔等，形成了一个较完整的古建筑群落。龙门古镇的历史上曾建有60余座厅堂，现在还有30多座。龙门的人总是夸耀自己的家乡说："下雨天跑遍全村，不用在露天地上走半步，回到家来不湿鞋。"

龙门有着迷宫一样的布局，里面的房屋和院落一般有"回"字形和"井"字形两种组合方式。龙门还有无数细长狭窄的小巷，卵石铺就，四通八达。本地人觉得走街串巷很方便，但外地人在这里就很难分清东南西北，时常会迷路。

　　龙门山的景色很美，古人曾作诗赞美这里的景色："云过疑崖动，溪鸣似雨来"。龙门山顶有一个大瀑布，从很高的地方直奔下来，就像一条洁白的绸带挂在山间。我国的著名文学家郁达夫在诗作中描绘龙门山瀑布："天外银河一道斜，四山飞瀑尽鸣蛙。"龙门山上还有三个水潭，称为"龙潭"。上龙潭位于瀑布下方，是因为瀑布常年的冲击而形成的。潭里的水清澈幽深，站在潭边，能感受到龙门瀑布的丝丝飞沫。上龙潭边有一块用来拜祭山神的祭台石，据说石头

上还有巨龙留下的爪印。中龙潭深不见底，相传从潭底有水路直通东海龙宫。下龙潭周边有怪石环绕，绿树成阴，美不胜收。龙门山上面有各种各样奇形怪状的大石头，它们并非人力雕刻，却惟妙惟肖，富有意趣。有威武的"老鹰石"，有神秘的"龙头石"，有古朴的"钟鼓石"和"铜鼓石"，还有惹人发笑的"和尚背老娘"石，等等。龙门山向北绵延出几十个小山头，位于尽头的那座小山形状像个龙头，而这些小山头就似龙身，盘绕着中心的一块福地，保护着孙权的"龙子龙孙"。这一处长长的山脉被称为

"龙脉",而尽头的小山被叫作"洋龙山"。

龙门山上有一座"寂光普照寺",它建于唐代,曾有高僧在此主持。山下有一座"龙门寺",建于晋代,是富阳历史最为悠久的寺庙,最多时曾有上千名佛门弟子在此修行。龙门寺里供奉着"广济龙王",他是一位白发白须的老人,面目慈祥,以甘霖馈赠着这方土地。

龙门古镇还有一条大概400米长的由卵石铺成的古街。巷子里有徐徐清风,街上的卵石光滑,街两旁的店铺上还挂着古时的招牌,小店里还摆放着旧式的算盘、放置糖果的玻璃瓶、还有小朋友

们喜欢的二踢脚。据说，村里的老人们都喜欢在这条路上闲话家常。

青山的环抱，溪流的浅唱，村中浓郁的酒香，村外飘香的稻花，与水乡风光不同，与园林景致不同，龙门自有一番独特的乡野间的风情。农人与农田，谱写出了一首悠扬的田园牧歌。农民们辛勤地耕耘、劳作，换来的是五谷丰登、丰衣足食，生活富足。院落内是精致典雅的厅堂，院落外是宽阔自然的乡野，田园生活和乡野情趣交相辉映，龙门人因此细腻而不矫情，豪放而不野蛮。如此美景，小朋友们是不是已经开始向往了呢？

鱼米之乡同里

江南水乡的古镇之多,是不能一一细数的。我们已经看过了越角人家西塘,那么下面我们介绍的这个古镇,它就是江南古镇中不折不扣的鱼米之乡了。

相传,曾经有一条即将修炼成精的鲤鱼,它只要趁着涨水的时候跃过龙门,便可以成为龙了。在跳起的关键时刻,这条鲤鱼的目光却被一位来河边浣洗的美丽姑娘吸引,因而撞在了桥洞上。于是这条鲤鱼没能变成

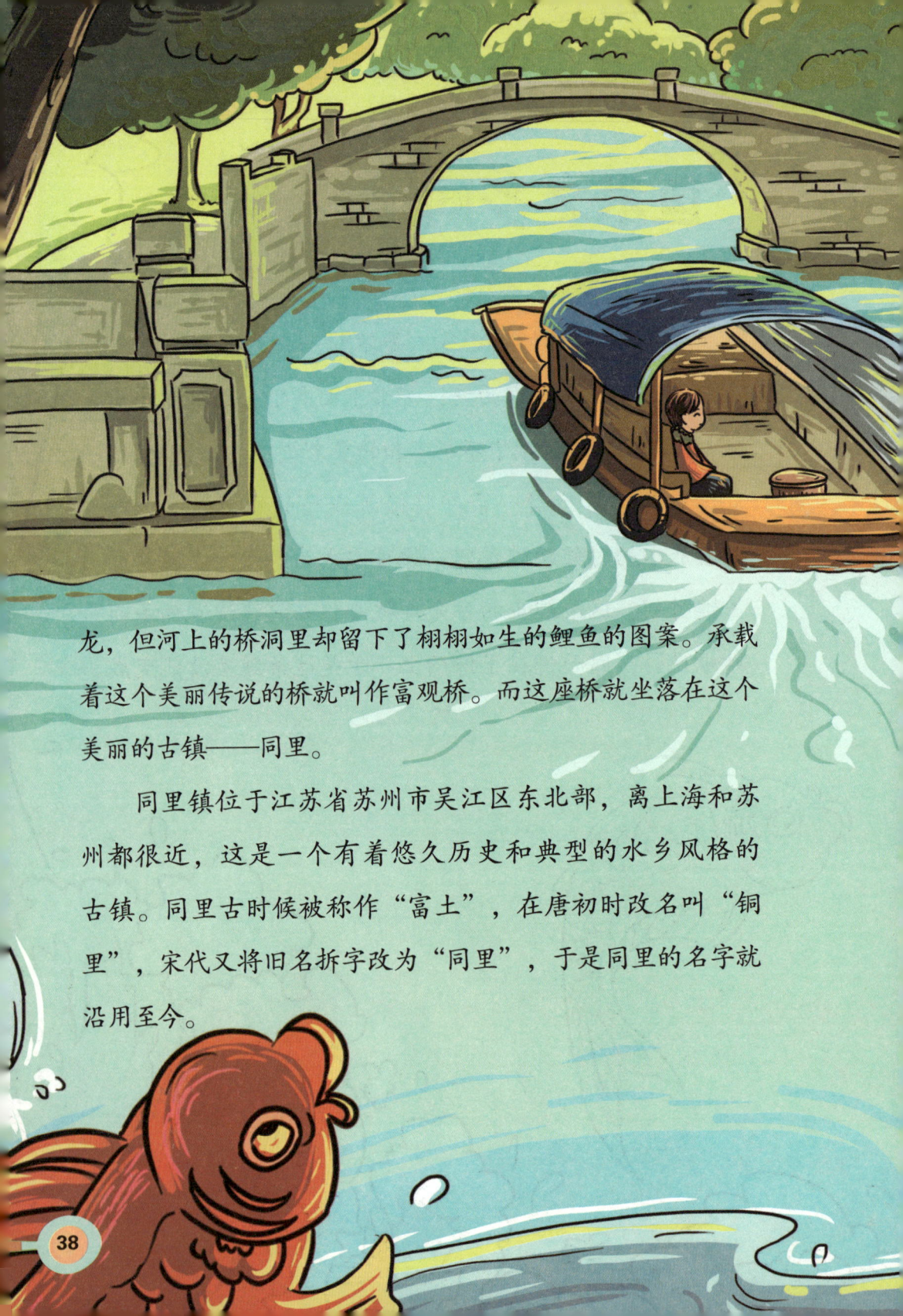

龙，但河上的桥洞里却留下了栩栩如生的鲤鱼的图案。承载着这个美丽传说的桥就叫作富观桥。而这座桥就坐落在这个美丽的古镇——同里。

　　同里镇位于江苏省苏州市吴江区东北部，离上海和苏州都很近，这是一个有着悠久历史和典型的水乡风格的古镇。同里古时候被称作"富土"，在唐初时改名叫"铜里"，宋代又将旧名拆字改为"同里"，于是同里的名字就沿用至今。

同里的风景优美，镇子四面环水，镇内更是由15条河流纵横分割成了7个小岛，并且由49座桥连接了起来。明清时的民居比比皆是，自元起三代的桥仍保存完好。它就是以这样小桥流水人家的格局赢得了"东方小威尼斯"的美誉。

　　小朋友们知道吗？同里以"醇正水乡，旧时江南"的特色在海内外闻名，它已被列为省级文物保护镇。由于同里被包裹在泽国河网之中，历史上交通不便所以少有战乱，古建筑也得以保存，它可是江苏省目前保存得最完整的水乡古镇之一哦。同里因水成园，家家连水，户户通船，构成了一幅错落有致的优美画卷。自古以来，文人骚客对此赞美不绝。

既然给小朋友们介绍同里,那就不能不说同里的古桥。同里因水多,故桥也多。同里的这些桥大部分都建于宋代以后。其中比较有名气的有南宋诗人叶茵建造的思本桥和元代的高观桥等。镇中最有名的园林就是退思园了,这个园林面积只有十亩八分,以与园林紧密结合的江南建筑为特点,玲珑雅致。南园茶楼也是同里的一大特色建筑,听说那里如今还在用当地特有的老虎灶烧水。

同里比较出名的几座古桥就是呈品字形分布在河道上的太平、吉利、长庆三座古桥了。告诉小朋友们,这些桥可是

昔时同里婚嫁花轿的必经之桥，代表着吉庆哦！还有被人们叫作读书桥的小东溪桥，小桥上那副"一泓月色含规影，两岸书声接榜歌"的桥联，真实地记录了同里人自古的勤学苦读之风，印证了同里自古以来文化的发达，考学这样照耀门楣的事情在同里非常繁盛。古镇的西北角还有一座上面雕刻了一条气势非凡的青龙的古桥叫渡船桥。桥的两侧分别刻有"一线桥光通越水，半帆寒影带吴歌。春入船唇流水绿，人归渡口夕阳红"的对联。这对联是不是把同里的景色描写得很好呢？

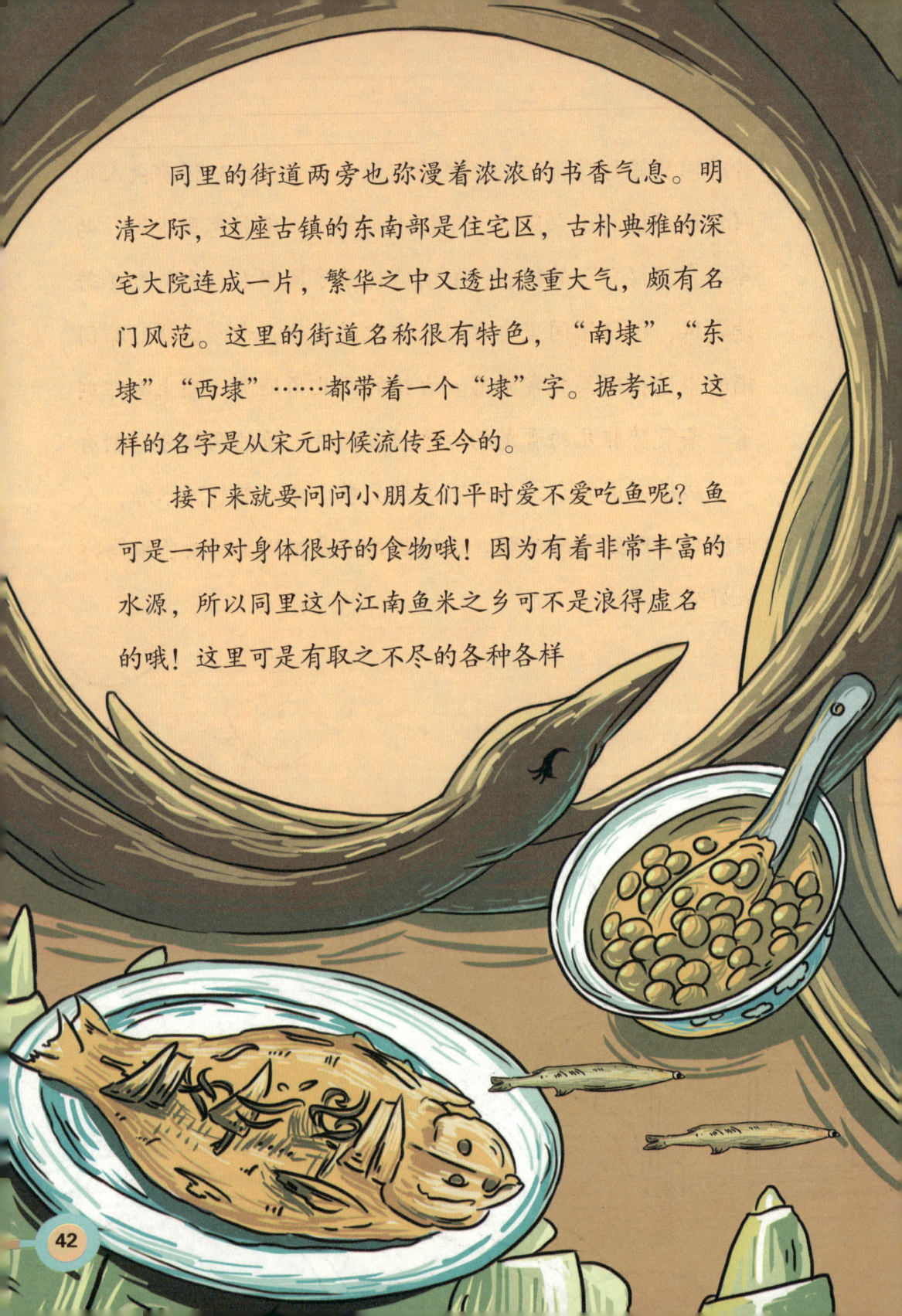

同里的街道两旁也弥漫着浓浓的书香气息。明清之际，这座古镇的东南部是住宅区，古朴典雅的深宅大院连成一片，繁华之中又透出稳重大气，颇有名门风范。这里的街道名称很有特色，"南埭""东埭""西埭"……都带着一个"埭"字。据考证，这样的名字是从宋元时候流传至今的。

　　接下来就要问问小朋友们平时爱不爱吃鱼呢？鱼可是一种对身体很好的食物哦！因为有着非常丰富的水源，所以同里这个江南鱼米之乡可不是浪得虚名的哦！这里可是有取之不尽的各种各样

的水产品。同里盛产各种鱼、虾，较为珍贵的种类有太湖银鱼、白鱼、鳜鱼、鳗鱼、鳝、鲈鳢等。除了鱼虾、蚌类等水产品之外，同里的水生植物种类也十分齐全，主要有茭白、芹菜、莼菜、芡实、菱、藕、荸荠、芋艿、慈菇等，有的可以上餐桌，有的可以作为时令补品，有的是应时的果品，其中芡实更是被誉为"水中人参"！它可是同里土特产中的佼佼者哦！

作为一个地地道道的江南古镇，同里的民俗也非常有趣。每年新年开始的时候，从初一到初五，同里人要做的第一件事，就是到古镇西南的"南观"去点

罗汉，以祈求岁岁平安。到了晚上离得近的几个自然村就会一起合作来出夜会，龙灯随着锣鼓翩然起舞，自有一番别致的美。还有一些村子喜欢串马灯、舞狮子，也一样热闹极了，这其中以蒋家浜的独狮子最为著名。从元宵节到农历三月初，同里的春台戏好戏不断，让人应接不暇，不管在古镇的哪个地方都能看到。春台戏又被称为大戏，就是我们所说的京剧。大家为了白天看戏，常常夜晚的时候去罱河泥，天亮以后，男女老少都摇着快船，一路欢声笑语一同赶往戏场。四月十四神仙会的时候，同里还会有踩高跷、荡河船等等的一大批民俗活

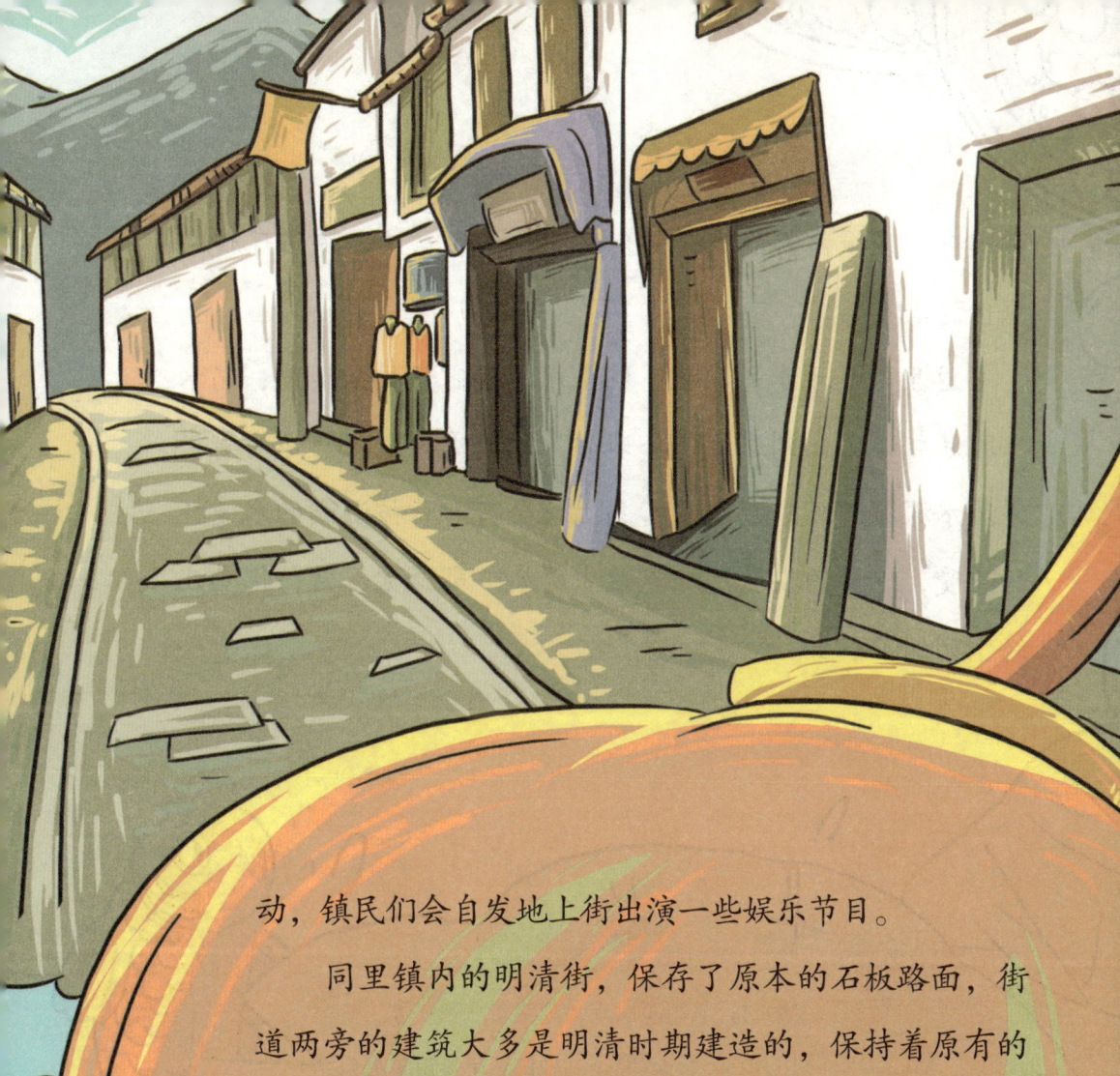

动，镇民们会自发地上街出演一些娱乐节目。

　　同里镇内的明清街，保存了原本的石板路面，街道两旁的建筑大多是明清时期建造的，保持着原有的建筑风貌。一路向前，古街上的店铺鳞次栉比，一般都是在出售当地的土特产和各种字画，也有的店铺里挂着各种精美的工艺品，还有的现做现卖的各种各样的热气腾腾的小吃。在古街上空，飘动着的小旗上写着店铺的名字，给人一种扑面而来的古朴感。费孝通先生曾经为古街题过"明清遗风"四个字，这四个字被镶嵌在庄重肃静的大理石门楼上，举目望去，充满了恍若隔世的沧桑感。

这里是属于水的同里，它上承着雨露下接着地气，与水土肌肤相亲。来到这样一个地方，你只需要驻足河边对着潺潺流水深深呼吸，疲惫的心马上就会有一种被温润的水爱抚的感受，干燥的皮肤也在充盈中舒展。那感觉，就仿佛鱼儿终于回到了水里。

芡实

芡实，中药材，又叫鸡头米、鸡头苞、鸡头莲、刺莲藕，是睡莲科的植物芡的成熟了的种仁。芡茎每年三月贴在水面上长出叶子，其叶比荷叶大，有明显的褶皱，叶面呈青色，叶背呈紫色，芡的茎、叶都生有刺。茎很长，中间有孔有丝。芡在五六月开花，花为紫色，花开时向着太阳结苞，苞上一般生有青刺。芡的果实剥开后里面有软肉裹着子，壳内有白米，形状就像鱼的眼睛。它们在七八月成熟，以颗粒饱满，粉性足，没有破碎和杂质者的为佳，有收敛固精等功效，适用于慢性的泄泻和尿频、腰酸等。另外，芡实还是一种观叶植物。在中国式的园林中，可与荷花、睡莲、香蒲等搭配种植，十分好看。

诗意水乡周庄

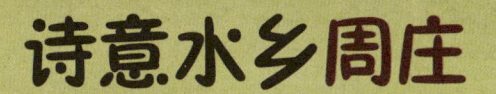

"春天的黄昏／请你陪我到梦中的水乡／让挥动的手／在薄雾中飘荡／不要惊醒杨柳岸 那些缠绵的往事／化作一缕轻烟／已消失在远方／暖暖的午后／闪过一片片粉红的衣裳／谁也载不走那扇古老的窗……"

不知小朋友们有没有听过这首《梦里水乡》，这首歌把水乡给人的感觉描写得十分真切。小朋友们都知道江南多水，有许多温软秀丽的水乡。江南柔和的水孕育了一大批宁静的古镇，下面我们就来细数这些滋养在江南细水里的明

珠。说起中国第一水乡，或许小朋友们大都很熟悉。没错，它就是中国最具代表性的水乡古镇——周庄。

　　周庄是我国江南一个具有900多年悠久历史的水乡古镇。根据史书的记载，在北宋元佑年的时候，周迪功郎信奉佛教，把200亩的田地全都捐给了全福寺，百姓们感念他的恩德，就将他捐出的这片田地命名为"周庄"。而这里正式被定名为周庄镇，大概是在清康熙初年的时候。周庄位于苏州管辖的昆山西南部，历史上称贞丰里。悠长的吴地文化和千年的历史孕育出的周庄，因它秀丽的水乡风景，卓尔不群的人文景观，丰富的民俗风情，成为了我们东方文化的一块瑰宝。作为中国绵长的文化的继承者，周庄一直是吴地文化的摇篮，是江南水乡中不得不提的典范。它已经被联合国教科文组织列入了世界文化遗产的预备清单，荣获了种种殊荣。

周庄既然被说是水乡，那这古镇里的大部分住户一定是临水而居的。小朋友们可能会好奇这周庄的"水"是从哪里来的，不要着急，我们马上就来一同了解吧。

周庄镇自古就是泽国，南北市河、后巷河、油车漾河、中市河一同形成了一个"井"字形，因河成街，所有的建筑都是傍水而建，给人的感觉古朴而优雅，具有江南典型的小桥流水人家的特点。周庄的美丽不仅在于它的风景，更在于她的文化底蕴。沈厅、张厅、迷楼、叶楚伧故居、全福寺等古迹，都是历史文化的结晶。有河有街必有桥。周庄的古桥非常多，而且极具特色。其中广为人知的有双桥、富安桥等。整个周庄桥街相连，水中是摇曳的小船，绿影婆娑，不禁让游人们想起：吴树依依吴水流，吴中舟楫好夷游。

周庄之美，柔和至极。唐风孑遗，宋水依依，烟雨江南，碧玉周庄。周庄的古建筑，历经900多年的风雨，至今仍保存完整。你抚摸古镇中的随意一片砖瓦，都能听见她在对你诉说历史的故事。

小朋友们如果有幸来到了美丽的周庄，当然少不了要尝一尝美味的"万三蹄"了。历史和文化的经年积累使得周庄的菜式非常独特，其中以"万三蹄"为代表，来了周庄可谓不可不尝。万三蹄是江南的富豪沈万三家招待来宾的必备菜，所谓"家有筵席，必有酥蹄"。经过了百年的流传，

"万三蹄"早就成为了周庄人逢年过节的主菜,它象征着团圆,是招待宾客们的上乘菜肴。

小朋友们既然品尝过了"万三蹄",那就算是沈万三的贵宾了,既然是贵宾,当然要去见识一下他的水底墓了。

沈万三的水冢位于镇北的银子浜底。银子浜水质清冽,藻绿萍红,植被茂密。相传银子浜尽头有一泓水,下通泉源,经年不枯。水下有一座古墓,坚固异常。这里就埋放着沈万三的灵柩。河面上波光粼粼,闪烁着神秘的色彩。

除了好吃的万三蹄、沈万三的水底墓,周庄还有八景。它

们就是：全福晓钟、指归春望、周庄永庆庵、蚬江渔唱、南湖秋月、庄田落雁、急水扬帆、东庄积雪。千百年过去了，岁月流逝，有的陈迹已经风化在了历史中，再难觅踪迹。

去过周庄的小朋友们一定知道，在那里的河上经常会见到小木船，有时还能听到从船上传出的好听的歌谣。小船在周庄是非常重要的水上的交通工具，其中一个特殊民俗还和它有关呢，那就是"摇快船"。

这个"摇快船"的习俗据说始于清初。那时候江南各地都在进行着轰轰烈烈的反清运动，顺治年间，周庄附近的陈墓出了一个秀才叫陆兆鱼，他组织的抗清水军在当地规模最大。这些水军每日里在周庄、澄湖及明镜荡一带摇船练兵，日渐壮大。在顺治二年六月，陆兆鱼带着他的精兵强将进攻苏州，迅速攻占了南门。但清军的势力更强，他们的援军很快赶到苏州，击败了这支民间水军。尽管反清运动失败了，但陆兆鱼带领战士们顽强抵抗的事迹赢得了人们的敬佩，于是，在每年的农历三月廿八、七月十五，当地人都会举行"摇快船"比赛，来纪念那一场英勇的战争。

　　小朋友们如果还没来过这个美丽的水乡古镇，那就一定要来体验一下。相信你们会喜欢上这个江南古镇的丰富与温柔的！

中国最美乡村婺源

小朋友们，你们知道中国最美的乡村在哪里吗？它就在江西，名字叫作婺源。这里有淡淡的翠烟，有成片的梯田，暮色中我们能在这里听牧歌唱晚、看轻舟荡回。在这个小村子里行走，入眼的都是风景，观赏的都像画卷，这里是一个富有乡村韵味的画中之境。这里不仅风景优美，还有"书乡""茶乡"的美称。婺源是公认的中国最美的乡村，号称一颗镶嵌在赣、浙、皖三省交界处的绿色明珠！下面，我们

就来共同了解一下婺源这个人间仙境吧！

婺源县地处江西省的东北，上饶市的北部。婺源可是著名的徽州文化的发祥地之一哦！婺源东西分别与两座国家历史文化名城衢州、景德镇毗邻，南边与"江南第一仙山"——三清山相望，北面临近我国国家级旅游胜地黄山。这个地理位置真可谓是相当得天独厚啊！

说起婺源的景点，首先要给小朋友们介绍的就是彩虹桥。婺源的彩虹桥，可是有很久的历史了，它建于南宋，到现在已经经历了800多年的风雨了，彩虹桥是古徽州最长又最古老的廊桥，是中国最美的廊桥之一。彩虹桥的魅力之处，不仅在于它与周围的青山碧水、古村小道的完美相融，还体现在它本身的生命力上。当时建桥的人将彩虹桥建在了最宽的河面上，半船形的桥墩设计很好地分散了水流的冲击

力。彩虹桥的桥面的设计理念更是精细实用，非常有利于后人的维修，这座桥充分地体现了古代的工匠的水平和当时发达的工艺。正是先人的智慧使这座桥历经了800多年的风风雨雨，依然保存得很完整，陪小村的人们一起度过漫长的岁月。

　　介绍完彩虹桥，下面要给小朋友们介绍的就是弯钩上的绿洲——月亮湾了。月亮湾就在紫阳镇往东去往李坑的路上。这里有一座非常狭长的小岛。小岛被夹在河的两岸之

间，形成了月牙的形状，这就是月亮湾啦。月亮湾虽然不是什么大景点，但是它独特的造型和风韵不管过去多长时间都是那样的深入人心。湾边偶有几个农妇结伴来浆洗，总是能引得路人驻足拍照。

小朋友们知道吗？婺源还有世界濒临绝迹的鸟种——黄喉噪鹛呢。江西婺源的黄喉噪鹛种群大约有150只，如果人们再不对这种美丽的小鸟加以保护，它们可能就要消失在人们的视野之中了。到那时，这些森林里的精灵也就将成为婺源的一种回忆了。此外，婺源还深受另外一种鸟类的喜爱，那就是鸳鸯。婺源可是有世界最大的野生鸳鸯越冬栖息地——鸳鸯湖，每一年冬天的时候都会有上千对鸳鸯来到这里过冬，在鸳鸯湖过冬的

鸳鸯占了世界已知野生鸳鸯总数的2/3呢！

接下来我们就来数一数，婺源有哪些特产呢？这婺源的特产，可以用这四种颜色来概括，那就是绿、红、黑、白。

绿就是绿茶，婺源的绿茶以"颜色碧而天然，回味香而浓郁，水叶清而润厚"而驰名中外。唐代的时候《茶经》一书就已经记载了婺源的绿茶了，宋代的时候人们开始认可婺源的绿茶，称其为茶中绝品，明清的时候这里的绿茶已经成了金贵的贡品，只有皇亲贵族们才能得以品尝。婺源的绿茶味道浓厚，可以反复泡饮，不失口感。目前婺源县的有机茶的种植面积、茶叶的产量和出口都在全国的前列。

　　红就是中华荷包红鱼。这种鱼集食用价值和观赏价值于一身，是一种深受国内外人士喜爱的鱼类。中华荷包红鱼的外形很像荷包，它们的颜色非常鲜艳，不仅味道鲜美。而且营养丰富，是各种上等宴席的宠儿。1985年的时候中华荷包红鱼就被列入了国宴，受到了许多外国元首的称赞。目前，这种漂亮的中华荷包红鲤鱼

已经受到了保护。

  黑色自然就是龙尾砚了。这么多年来一直享有"砚国明珠""石冠群山"等诸多盛誉的龙尾是我国的四大名砚之一。因为婺源在古代的时候隶属于歙州，所以又被称作"歙砚"。龙尾砚从唐代开始出现，历朝历代都属于上乘的贡砚。香港的商人曾经评论龙尾砚说它们带有跟敦煌壁画一样的传统美感，传承了诸多古典韵味，实在是外交的上好礼品。

  白就是江湾的雪梨。这种好吃的梨因产自江湾，且果子像雪一般白而得名。历史上记载明代的时候婺源人从

歙县引进了许多梨苗，并和当地野生棠梨嫁接，最后形成了这种梨。江湾雪梨的品种很多，像"六月雪""西降坞""白梨""苏梨"等等。这种梨不仅体大肉厚，而且异常甜美，是果中的上品。

如果小朋友们已经喜欢上了彩虹桥和月亮湖，喜欢上了那些漂亮的鸟儿，喜欢上了那些丰富的特产，那就赶快到婺源看一看吧！

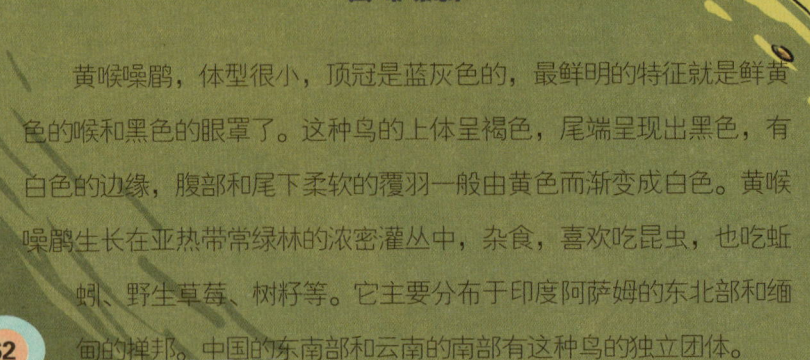

黄喉噪鹛

黄喉噪鹛，体型很小，顶冠是蓝灰色的，最鲜明的特征就是鲜黄色的喉和黑色的眼罩了。这种鸟的上体呈褐色，尾端呈现出黑色，有白色的边缘，腹部和尾下柔软的覆羽一般由黄色而渐变成白色。黄喉噪鹛生长在亚热带常绿林的浓密灌丛中，杂食，喜欢吃昆虫，也吃蚯蚓、野生草莓、树籽等。它主要分布于印度阿萨姆的东北部和缅甸的掸邦。中国的东南部和云南的南部有这种鸟的独立团体。

山西古镇平遥

"殿廊重建人安在?草木成林鸟复来。从今谁主争雄地?明月清风任往回。"小朋友们知道吗?这两句诗咏的就是平遥古城的将台。

平遥古城地处山西省的中部,到现在已经有2700多年的历史了,是一座著名的文化名城。它和四川的阆中、云南的丽江、安徽的徽州古城并称为"保存最为完好的四大古

城"，小朋友们，平遥可是我国唯一一座以整座古城申报世界文化遗产并一举获得成功的古县城哦！

　　平遥历史上被称为"古陶地"，据传曾经是尧帝的封地。平遥古城始建于西周的宣王时期。明洪武三年的时候，朝廷出于军师防御的需要，在原来西周旧城的基础上扩建了砖石的城墙。一直到现在，平遥古城的城墙街道、古建筑群等，通通都保存得非常完好，连原来的建筑格局都未曾改动过。这些得以保存的建筑，不仅是古时人们的心血的保留，更是一种历史文化的保留，使得平遥古城成为了研究中国文化、建筑方面等历史发展的活着的标本。

想要给小朋友们介绍平遥古城，还因为这是一座古代与现代建筑融为一体的佳地，各种文化的碰撞衔接让人叹为观止。

凡是到过平遥的游人都知道平遥古城的外型就像一个乌龟的形状，但是为什么上东门和上西门不在一条平行线上，

为什么南大街和北大街也不在一条直线上，为什么下东门内外的两个门是直通的，为什么城北门的外门向东开，为什古城四周的村子名为四抝……这一大串的问题已经让小朋友们看得有点晕了吧，知道这些问题的答案的人可不多哦！

小朋友们想不想知道这其中的奥秘呢？其实，这里面的缘由，还涉及到一个古老的传说呢！

传说在很久很久以前，一只在东海生活了许久的万年老龟得道变成了神龟，一天它带着子孙们到渤海去游玩，这只神龟兴奋异常，一个不小心就掉进了黄河的入海口，进入了黄河，它只好慢慢地逆流往上，又游到了汾河。它慢悠悠地路过平遥的时候，看见了平遥南边的山脉连绵起伏，就像是那大海里出现的海市蜃楼！

这只神龟那叫一个思乡心切啊，它立刻嘿呦嘿呦地爬上了岸，准备从平遥的山上爬回它的大海，正在这个时候，一位当地的神仙发现了这只神龟，龟这种动物自古就是长寿和吉祥幸福的象征，于是这位仙人就想让这只神龟留在平遥，为平遥的人们造福，于是神仙就将它的一条腿拴了起来，神龟就这样被拴在了平遥。

汾河在平遥境内的走向是东西略偏南北，所以象征着神

龟带来吉祥的平遥古城也就为了与汾河垂直，形成了一样的略偏东西的南北走向。神龟的身体前厚后薄，所以平遥城的地势也是南高北低的。为了不让这只带来了福气的神龟被饿死，这个神仙还在古城的南门外的西源祠村为神龟建造了一个神池，这池子里有水、有草又有鱼，为神龟提供了饮食的保障。

聪明的平遥人世世代代根据这个传说和乌龟的身体结构，不断地建设着平遥，平遥古城也就一点点形成了现在的构造格局，那就是经纬交错的4条大街、8条小街，还有72条蚰蜒巷。

这个看似不切实际的传说，反映出了古人对于乌龟的崇拜与喜爱。乌龟是一种长寿的动物，古人认为它们的心如神灵一般圣洁。平遥的人希望借着神龟带来的吉祥，可以使这个美丽的古城坚固安稳，一直流传下去。

不知道小朋友们有没有看过《印象平遥》的电影式情景

演出，这场演出为所有没到过平遥的国人和国外的友人展示了平遥悠久的历史文化、风韵犹存的古代建筑，还展示了平遥独特的美丽和平遥人心中最美好的期盼。

根据史书的记载，清代道光四年的时候，我国第一家现代银行的雏形"日昇昌"票号就是在美丽的平遥诞生的。在这之后的3年，"日昇昌"在我国的很多地方都设立了分支机构。19世纪40年代，这家银行的业务更是扩展到了海外，包括日本、新加坡、俄罗斯等与我国临近的国家。

小朋友们都听说过平遥有三宝吧，这一宝古城墙，二宝镇国寺，三宝双林寺。下面就给小朋友们介绍一下这三宝吧！

古城墙就是平遥县的城墙了。上边已经讲过了平遥县的城墙是明洪武三年扩建的，它的周长有6.4千米，是山西现存的规模最大的一座城墙了。明、清两代对这个城墙都有过补修，但并没有什么根本上的改动。方形的城墙高达12米，全部是用砖砌出来的。这座城墙历经了600余年的风雨变幻，至今犹存雄风。

镇国寺在平遥古城的北门外，它是古城的第二宝。该寺的万佛殿是五代时期修建的，到现在已经有1000多年的历史了。殿内的五代时期各种造型的彩塑更是雕塑艺术的珍品。

古城的第三宝就是城西南的双林寺。这个寺庙是北齐武平二年修建的。寺内保存有元代到明代的彩塑造像2000多尊，其数量之多让人叹服，所以双林寺被人们

称为"彩塑艺术的宝库"。

平遥古城自有筑城活动以来,已经有2000多年的历史了,在这样漫长的历史中,这里经过了许多的动荡变迁,但是平遥人还是把那些文物完好地保留了下来。平遥古城中数量相当巨大的文化遗产,不仅见证了我国古代城市在不同的历史时期的建筑形式、修建方法、装饰品位的变化,也反映了古代的先人们指挥的成熟。这些文化遗产是珍贵的,也是值得我们思考的。

小朋友们若有机会来到山西这个人杰地灵的好地方,可千万不要错过了明珠古镇平遥,记得要到平遥看一看,体验一下中国历史文化沉淀出的厚重与绵长。

山东台儿庄

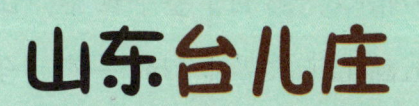

说起那个位于山东省的最南部、鲁苏交界的地方,离沂蒙山、微山湖都很近的台儿庄,大多数小朋友们了解的恐怕只有台儿庄战役了。

台儿庄战役作为我国抗战以来正面战场迎来的首次大捷,是日本陆军使用了新式武器以来的首次惨败。这场战役在中国乃至世界历史上都有重要意义。

台儿庄战役不仅粉碎了日军想要攻占徐州的计划，还振奋了全国军民抗日的情绪和信心，影响了整个世界，让中国在世界的反法西斯战争史上画上了浓墨重彩的一笔。台儿庄也因为这场战役成为了"中华民族扬威不屈之地"。

可除此之外，台儿庄还是一座历史悠久的文化古城呢！

"台儿庄"这个名字的由来，这么长时间以来可以说是众说纷纭。其中的一个说法是说以居住者的姓氏命名的。因

为最开始在这里定居的是姓邰和姓花的两个家族，所以这里就叫"邰花庄"，随着时间的流逝就演变为了"台家庄""台庄"。还有一种说法是根据地理原因命名的。这么说有两个根据。一个就是《明史·河渠志》上记录的："台家庄……诸处皆山岗高阜"；第二个根据就是古时候台儿庄周围有许多经纬交织的水道，每到汛期的时候这里就会变成一片泽国，台庄这个名字是为了避免水患而取的。

但究竟为什么最后变成了"台儿庄"呢？现在的说法是说这是台庄的儿化韵所致。

台儿庄古城是在汉代形成的，元代的时候得以发展，明清时期达到了鼎盛。台儿庄古城是古代运河边上唯一的一座南北文化交融、中西文化结合的历史文化名城。这里的建筑将八大建筑风格融成了一体，古城里共有72座庙宇，这里还是曾经的京杭大运河上的水工遗存最完整的运河古城。至今古城里还留存着3千米长的古运河，享有世界各国旅游

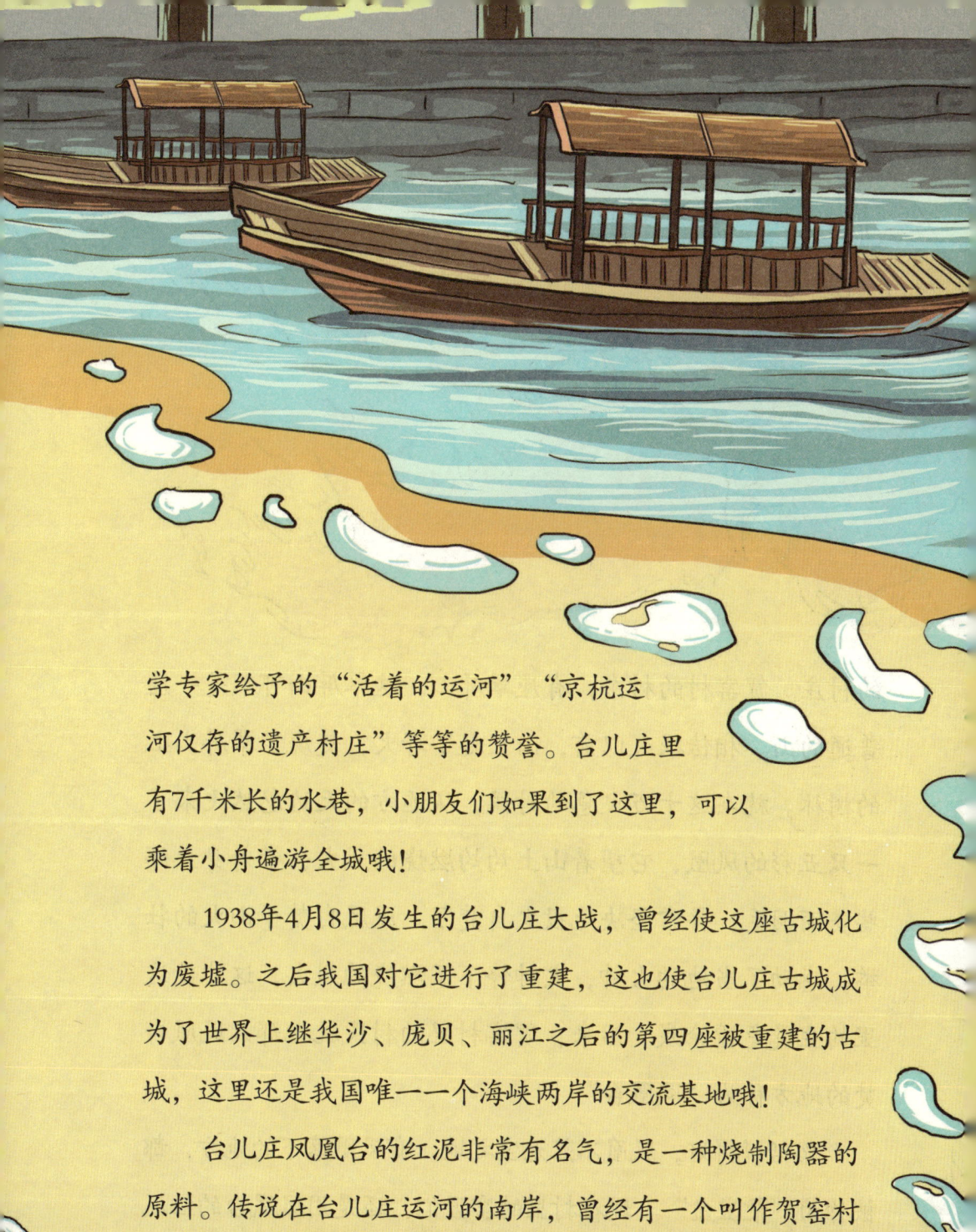

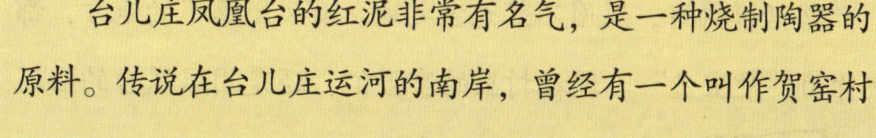

学专家给予的"活着的运河""京杭运河仅存的遗产村庄"等等的赞誉。台儿庄里有7千米长的水巷,小朋友们如果到了这里,可以乘着小舟遍游全城哦!

1938年4月8日发生的台儿庄大战,曾经使这座古城化为废墟。之后我国对它进行了重建,这也使台儿庄古城成为了世界上继华沙、庞贝、丽江之后的第四座被重建的古城,这里还是我国唯一一个海峡两岸的交流基地哦!

台儿庄凤凰台的红泥非常有名气,是一种烧制陶器的原料。传说在台儿庄运河的南岸,曾经有一个叫作贺窑村

的村庄。贺窑村的村东，有座翠屏山，这翠屏山可不是一座普通的山。相传很久以前，山里起了野火，焚烧了翠屏山上的树林。就在这十万火急的时候，从远方的天边忽然飞来了一只五彩的凤凰，它望着山上灼灼燃烧的烈火，带着身上那些美丽羽毛，异常坚决地投火自焚了。凤凰自焚于山火的壮举，感动了当地的火神，火神停下了燃烧的烈火，这才使这里的生灵免遭涂炭。后来，贺窑村里的村民就把那只凤凰自焚的地方称为"凤凰台"。

俗话说得好，凤凰不落无宝之地。有凤凰落下的地方，都被称为"聚宝盆"。现在村里的窑匠们，还是用凤凰台的红泥烧制着土陶器。这些陶匠说，翠屏山西南山坳里的汉代墓群里也出土过陶器残片。由此看来，这里的前人们早就知道了凤凰台的红泥的好处，从很久以前就在用它们制陶了。

有人说："周庄是怀旧的地方，平遥是疗伤的地方，丽江是艳遇的地方，台儿庄却是梦乡。"

复活的台儿庄古城犹如一个跨越了历史的梦境，它踏花而来，用它独有的声调一遍遍为我们讲述着历史的故事。

渔灯秧歌

渔灯秧歌又被叫作太平歌。这种秧歌在台儿庄区邳庄一带很流行，隋唐的时候，鲁南的民间就流行起竹马和秧歌渔灯。秧歌是一种富有地方特色的民间艺术表现形式，可谓是一种民间艺术，它兴于台儿庄的运河两岸，春节期间会由村庄里的人自发地到其他乡会去演出。秧歌的表现形式是以歌舞为主的，以欢快、喜庆为主调，即情即景，人们自由发挥，随性地表演。

云南明珠丽江

"彩云之南我心的方向,孔雀飞去回忆悠长。玉龙雪山闪耀着银光,秀色丽江人在路上。"

提起云南,小朋友们应该都很向往吧。下面就带小朋友们一起来了解一下坐落在彩云之南的著名古城——丽江吧。

说起云南的古镇,首屈一指的就是丽江了。丽江古城始建于宋末元初,到现在已经有800多年的历史了,丽江古城的面积约为7.279平方千米。它可是我国历史文化名城中唯

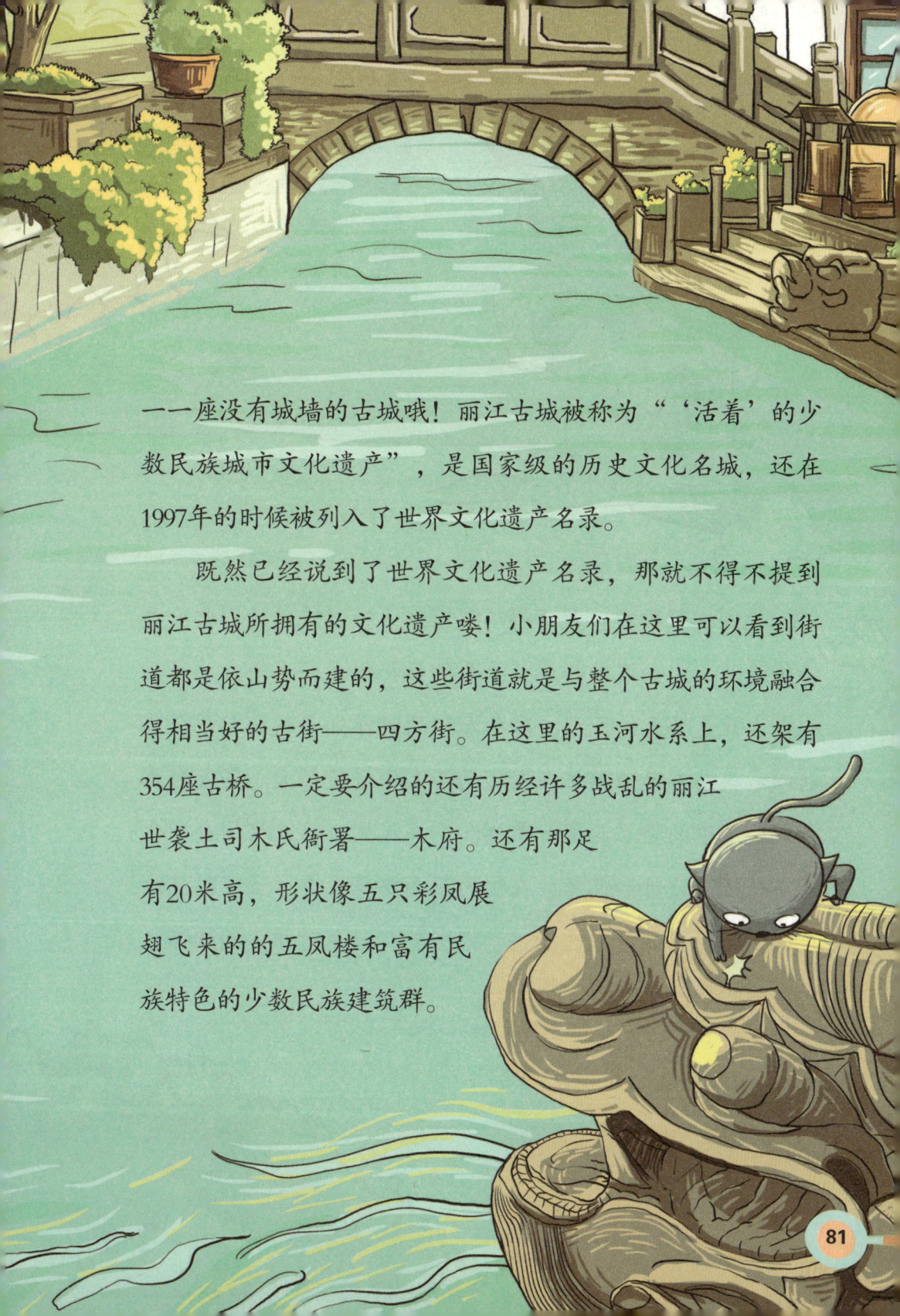

——一座没有城墙的古城哦！丽江古城被称为"'活着'的少数民族城市文化遗产"，是国家级的历史文化名城，还在1997年的时候被列入了世界文化遗产名录。

既然已经说到了世界文化遗产名录，那就不得不提到丽江古城所拥有的文化遗产喽！小朋友们在这里可以看到街道都是依山势而建的，这些街道就是与整个古城的环境融合得相当好的古街——四方街。在这里的玉河水系上，还架有354座古桥。一定要介绍的还有历经许多战乱的丽江世袭土司木氏衙署——木府。还有那足有20米高，形状像五只彩凤展翅飞来的的五凤楼和富有民族特色的少数民族建筑群。

说到少数民族，就不得不说丽江古镇里流传的一些民族特色活动。比如说纳西族最重要的祭祀仪式——祭天。纳西族自古就是祭天的民族，每年春秋的时候纳西族的人就会分别以家族或家庭为单位在固定的祭天场进行祭天。祭天时要在祭天场中间竖立两棵黄栗树和一棵柏树，这几棵树分别代表着天父、天母和天舅，在树的下面要插大香，放置供品。接着由祭司来诵念东巴经《崇搬图》，以示对祖先的缅怀，对英雄的歌颂，对创造的赞美。

除了祭天活动以外，这里的少数民族居民还会进行祭署、祭风、祭丁巴什罗等种种活动，他们信奉一个名字叫素神的神灵，那是生命之神。他们会将素神供养在素篓里。结婚时举行"素祖"仪式的时候，在东巴的主持下，大家会将新娘的素神从她们家的素篓里请出来，迎进新郎家的素篓里，象征二人结合为一体，从此永远不会分离。

除了这些奇怪的民族特色活动之外，丽江这边也流传着各式各样的传说。就拿小朋友们最熟悉的新年来说，关于新年的来历，丽江金沙江边就有这样一个传说。

说的是古时候，有师徒俩都修成了正果，一同出去治理人世。他们到了一座山下，老师明日佛见树上有块破布，便叫徒弟吉日亮取来，吉日亮问他："我们去做皇帝，用破布做什么？"老师自己将破布拿了起来。过了一会儿，老师见路边有根绳子，于是又叫徒弟去捡，吉日亮只好说："我们去当皇帝用不着绳子的。"老师又自己将绳子捡进篮子里。到山顶的时候，他们俩又看见树上挂着一个茶壶，徒弟还是不愿拿，老师于是又自己拿了。两人终于走累了，

决定就地休息，打野煨茶。老师负责找柴烧，叫徒弟去找水，可是吉日亮一滴水也没有找到，老师在地上挖了个坑，就有水从坑里冒了上来。师徒俩刚煨上茶的时候，天下起雨来了，老师变作了苍蝇躲进壶里。徒弟无处可躲，就变成了兔子挤进了壶里来，结果根本躲不下，脚也被撞伤了。

　　第二天，徒弟脚痛不能继续行走，师傅用破布给他包扎了。明日佛觉得徒弟既没有本事，又很懒惰，不适合做皇帝，就对他说："我们没有治世的本事，我们还是回去

吧。"吉日亮不甘心，说："谁的茶碗开朵茶花，谁就去人间做皇帝。"两人烧好茶坐等。师傅的碗里开出一朵茶花，吉日亮趁他们不注意摘至自己的碗里。忙说："我去做皇帝了。"明日佛知道他的心术不正，只好对他说："你去当皇帝，要好好治理天下……每年的前十五天我来治理给你做个样子，剩下的就由你自己治理吧。"于是，每年的正月初一到十五，由师傅管理人间，之后是徒弟管。徒弟的功德不足，治理的时候人间的日子始终不安生。到了正月的时候，由贤明的师傅管理，大家才能天天吃肉，穿新的衣服，过一段快乐的日子。于是后来大家就称这十五天为"新年"。

世界遗产委员会是这样评价我们美丽的丽江古城的，他们说丽江把经济、战略位置与地理条件、自然风景紧密地融合在了一起。它几乎是完美地保存和再现了古城的自然风貌。古城里的古建筑群历经了时光的洗礼却光彩依旧，展现了各个民族独特的文化，举世闻名。

行走在丽江古城，也许你会问起丽江的流水可以流多

远，也许你会问起青石板路到底有没有尽头。每个踏入古城的人都带着属于自己的困惑，急切地想要追寻问题的答案。古城神秘的一切总是能勾起人们的好奇感。踏在青石板发出的脚步声，穿着漂亮的民族服饰、陌生却又和善的人，组成如诗如画的古城。这里可以让人忘记昨天，忘记烦恼，甚至忘记自己，这里像一场缠绵的美梦，让人不愿醒来，只愿长醉其中。在古城，我们可以一次次地失去自己，再一次次地找回自己。它是如此新鲜，又是如此深情。小朋友们如果有时间，千万记得要到这个宁静祥和的古城来看一看，感受一下彩云之南的别样风情。

世外桃源大理

小朋友都熟知的《还珠格格》里有这样一段话："听说那儿是一个世外桃源，家家有水，户户有花……我们去建造我们的天堂！"是什么地方让作家琼瑶如此描述呢？它就是大理。大理位于云南省中部偏西的地方，面积有 29 459 平方千米，土地辽阔，各种资源都很丰富，景色秀丽，气候宜人，是我国西南的一块宝地。云南是少数民族的聚居地，

大理也不例外，这里居住着汉、白、彝、回、傈僳、藏、纳西等26个民族的人民，其中白族的人口在2019年末时已达到了124.67万人。这里可是以白族为自治民族的自治州哦！

大理古代的时候叫作叶榆，南边离下关有13千米远，西边倚着苍山，东边则临近洱海。大理古城是明代洪武十五年建造的。古城里的历史遗迹与游览景点分布很密集，几乎是随处可见。比较出名的有杜文秀国民起义总部"紫禁城"、有淡淡书卷香味的西云书院、国外游客汇集的"洋人街"等等。沿着街道可以看见许多的茶楼、中西餐馆和其他商店，其中不乏历史悠久的古建筑。古城古朴的建筑风格和浓郁的民族文化气息吸引了无数国内外游客。

大理的气候总结起来就是"四时

之气，常如初春，寒止于凉，暑止于温"。小朋友们是否听说过大理颇具盛名的"风花雪月"呢？这风花雪月即上关的风、下关的花、苍山的雪、洱海的月，无一不是人间绝美的景色。下面我们就来说说大理除了悠久的历史、古雅的建筑和宜人的气候外最大的亮点吧，那就是大理美丽的自然景观。

　　看过《还珠格格》的小朋友们想必都记得那位一翩翩起舞立刻就有蝴蝶环绕的香妃吧。看到那么多美丽的蝴蝶都飞舞在她左右，女生们是不是都很羡慕呢？其实，你们也可以近距离欣赏美丽的蝴蝶哦！大理有一个非常漂亮的蝴蝶泉，泉水清澈透明，就像流淌的水晶。蝴蝶泉位于苍山

的云弄峰下，距离古城大约有25千米远。这里会集的蝴蝶大的如巴掌，小的如铜钱，它们还喜欢钩足连须，首尾相衔，结成一长串，从合欢树上垂至水面。它们色彩斑斓，真是人间奇景。到了每年蝴蝶会的时候，都会有成千上万只蝴蝶从其他地方飞来，在泉边自由飞舞。

在白族人的心目中，蝴蝶泉是象征着爱情忠贞的泉眼，于是每当蝴蝶会的时候，各方的白族青年男女都要和蝴蝶一样会集于此，"丢个石头试水深"，用嘹亮的歌声寻找自己的意中人。

　　蝴蝶泉还有一个美丽的传说呢！相传在很久很久以前，蝴蝶泉当时叫作无底潭，潭边居住着父女两个人。女儿的名字叫雯姑，既聪明又漂亮。雯姑长大后爱上了猎手霞郎，他们二人定下了终身。后来雯姑却被一个地主抢走，霞郎打猎回来后发现了，拼命将她从地主手里救了出来。不料追兵很快追来，把他们逼得走投无路，只好双双跳进了无底潭，顿时，天色突变，雷雨骤降。雨过天晴之后潭中飞出了一对美

丽无比的巨大彩蝶，身后还带领着一群小蝴蝶。那一天刚好是农历四月十五。自此之后，每年到了这一天，都会有无数美丽的蝴蝶聚集在这里，就像在为人们讲述那动人的爱情故事。这就是有名的"蝴蝶会"的由来哦！

　　欣赏完了美丽的蝴蝶泉，我们再来看一看另一个美丽的地方吧。苍山又名点苍山，共有19座山峰，每座山峰的平均海拔高度都在3500米以上，最高的山峰海拔4000多米。苍山的景色一直以来都以雪、云、泉为亮点。经年不化的苍山雪，是最富盛名的大理"风花雪月"四景之最。风和日丽的时候，点苍山就像一个晶莹的仙女，温柔如水又冰清玉洁。

已经欣赏完了两处美景，小朋友们想必累了吧，那就来品尝一下苍山的雪吧，是的，苍山雪还可以吃哦！大理的人们把雪捏成团放在碗里，然后滴上甜美的蜂蜜，再加上经过自家腌制的玫瑰糖水，最后放一点碎梅子，就可以品尝了哦。这苍山雪不仅看上去漂亮，一口吃下去，更是清凉爽口。

大理的饮食非常有地方特色，这里盛产干巴菌、树头菜、松茸等各种菌类，每一种都鲜美无比，独具风味。大理濒临洱海，除了山货之外水产也颇为丰富，比如弓鱼、田螺等等，真可谓是物华天宝。大理的小吃也都非常有特色，其中著名的乳扇、奇妙的饵块、香酥的粑粑，还有嫩滑的凉鸡米线，都是令人回味无穷的美食啊！

　　想象一下，喝着苍山雪水泡的绿茶，晒着暖暖的太阳，看着大理古城的美景，小朋友们是不是觉得心旷神怡了呢？

梦的净土香格里拉

小朋友们知道吗？香格里拉一词，意思是"心中的日月"。它的英语发音源自藏语的方言，含义和中甸县古城藏语地名"尼旺宗"一样。

"香格里拉"早在1000多年以前藏文献资料中

就曾经有过记载。传闻在第二次世界大战时，有一名美国的飞行员因为飞机失事坠落在了虎跳峡北边的一个小山谷里。他当时非常疲惫，已经快要丧失求生的欲望了，突然之间他发现了周围奇异美妙的景色。这样的美景使这个飞行员瞬间遗忘了从死神的手中挣脱的惊恐与疲累，他不由得赞叹这个世界上竟有如此独一无二的美丽的地方。

从飞机残骸中逃离的飞行员后来问了一位正在劳作的老人家这里是什么地方，老人家回答他说："香格里啦"，当地人说话有拖尾音的习惯，这个老人本来是告诉飞行员洛克这里是"香格里"，但是他在后面加了个"啦"的音，结果

就有了现在世界闻名的"香格里拉"。香格里拉美到极致的自然风光也使这里成为了永恒、和平、宁静的代名词。

给小朋友们讲述一下,《失去的地平线》一书中描述过这样一个故事,大约在60年前的时候,有几个英国人机缘巧合来到了藏区一个陌生的地方,这个地方四面都被雪山包裹着，与世隔绝，他们几个人遇到了当地善良的村民，受到了很不错的招待和照顾。他们在这里度过了一段非常美好的时光，这让他们觉得自己就处于神秘的东方文化的核心之处。随着对这个地方的文化越来越了解，他们越发觉得时光在这里毫无意义。这里的人们非常长寿，很多种不同的宗教在这里并存着，这里的人们相亲相爱不分你我。

后来，他们在一个寺院中见到了这里的精神领袖，那就是大家都非常敬仰的活佛。在活佛传道授业的影响之下，这几个英国人不禁深深地爱上了博大精深的东方文化，他们觉得这个世界已经向他们打开了令人敬畏的另一扇门，他们在

峡谷中活得非常自在，享受着阳光与雪山，享受着大自然的恩惠。喇嘛寺领导着这个景色绝美的山谷，那就是香格里拉早年的社会群。

这里的居民以藏民为主，他们虽然习俗和信仰都不相同，但共同生活在这片土地上，他们团结友爱，相处和睦，幸福安康。香格里拉一直是一个多民族、多宗教、多文化、多种气候、多种地理兼容并存的地方，这是一片能够包容一切的净土。

自从《消失的地平线》这本书问世，书里面介绍的香格里拉人团结友好，健康富足的生活让西方人十分羡慕，香格里拉这片人间乐土很快就成为了"伊甸园""世外桃源""乌托邦"的代名词。

这些关于香格里拉的线索，都是存在于小说和传闻中的，并不真切。当时还没有人能够准确地说出真正的香格里拉在哪。在20世纪末期的时候，我国云南的迪庆公布了这个世界之谜的答案。1996年的时候，云南的人民政府为香格里拉组建了调研组，对"香格里拉"进行了长达1年的

研究，通过多个方面的证明，获得了"香格里拉就在云南迪庆"的这一结论。

小朋友们知道吗？香格里拉县原来的名字中甸县的藏语意思是"建塘"，相传古时候这里是藏王三个儿子的封地。有不少史书曾经记载过这里的历史：香格里拉唐代属于吐蕃神州都督地，吐蕃历史上曾经控制了南诏整整70年。元代的时候这里是宣政院的直辖地，明中叶之后这里属于云南丽江军民府，清雍正二年政府在这里设立了中甸厅，受云南省管辖。1950年5月

10日，中甸得以和平解放，被规划进了丽江地区行署。1957年9月，迪庆藏族自治州终于成立了，在中甸县设立了州府。2001年12月，这块土地经国务院批准更名为香格里拉。

香格里拉坐落在青藏高原的南端、横断山脉的中心腹地上，是云南、四川和西藏三个省区的交会处，也是闻名于世的"三江并流"腹地旅游风景区。香格里拉的面积为11613平方千米，和四川省的稻城、木里两个县接壤；西、南分别和丽江县、维西县隔着金沙江相望；北边和德钦县一衣带水。香格里拉县里居住的除了藏族外还有汉族、纳西族、彝族、白族等20多个民族，县内居住的总人口有大约13万。

香格里拉境内雪山耸立，广袤的草原一望无际，还有深深的河谷。其中海拔在4000米以上的雪山共有470座，比较

受欢迎的有巴拉更宗雪山、浪都雪山、哈巴雪山等等。这里的每一座雪山都气势磅礴。所谓"高山急峡雷霆斗，枯木苍藤日月昏"，虎跳峡一直以其险峻的地势吸引着国内外的旅人。"一线中分天作堑，两山峡斗石为门"，说的便是茶马古道上的石门关和香格里拉的一大奇观色仓大裂谷的景象。

都说到了香格里拉"不必到西藏就可领略藏族风情"。在这里不仅可以看到西藏高原雪山峡谷的风貌，领略到藏族风情，还可以饱览内蒙古大草原"风吹草低见牛羊"的壮美场景。香格里拉境内有26个民族，这里面千人以上的民族就有9个。在这个歌之海洋、舞之故乡，各民族都有自己独具特色的舞蹈与歌唱方式。就像藏族的锅庄舞、弦子舞、情舞，还有傈僳族的阿迟目刮瓦克、阿朴比克，以及纳西族

的东巴舞、阿里利、满达等等。每当夜幕降临，月亮为这片神奇的土地披上银纱，山寨里就会点起大堆的篝火，随着悠扬的歌声和各种乐器弹奏的声音，人们都会围在篝火旁，载歌载舞，让这里成为歌舞的海洋。

香格里拉的雨季是每年的5月到10月，因此春秋时节来这里游玩最为合适。香格里拉的每个季节都有动人心魂的美，只有当小朋友们真正身在这香格里拉美景的包围中时，才能理解《失去的地平线》中那几个英国人不想回家的心情吧。

乌托邦

乌托邦（Utopia）原本的意思是"没有的地方"或者"好地方"。延伸的意义是纯粹的理想、不能实现的目标。其中在中文的解释里："乌"是没有的意思，"托"是寄托的意思，"邦"则是国家的意思，"乌托邦"三个字合起来就是"空想的国家"。空想社会主义的创始人是托马斯·莫尔，他是一个英国人。他在名著《乌托邦》中虚构了一个航海家航行到了一个神奇的地方"乌托邦"的旅行和所见所闻。在乌托邦，财产是公有的，所有的人都是平等的，实行按需分配的基本原则，大家穿着统一的衣服，在公共餐厅里吃饭，所有的官员都由民众投票产生。他认为，私有制是万恶的源泉，我们必须消灭它。

"桂林之心"阳朔

人们都说："桂林山水甲天下。"我们乘着木船荡漾在漓江上，来观赏桂林的山水。

小朋友们一定都学过《桂林山水》这篇课文，里面生动地描写了桂林山水的特点。"桂林山水甲天下"小朋友们自然都知道了，那小朋友们知道"阳朔风景甲桂林"吗？下面就让我们一起领略一下桂林的阳朔古镇的湖光山色吧！

阳朔地处于广西壮族自治区的东北部，在桂林市区的东南面，属于广西桂林市的管辖范围。阳朔位于漓江的西岸，风景十分秀丽。阳朔于隋开皇十年建县，到现在已有1400多年了。

"桂林山水甲天下，阳朔山水甲桂林。"这句话概括了阳朔的自然风光在世界上占有的重要位置。阳朔的"山

清、水秀、峰奇、洞巧",是天下四绝。阳朔地处中亚热带季风区,气候相当温和,正可谓是四季宜人。这里属于最典型的喀斯特地貌,阳朔的境内有许多林立的山峰,这些山峰拔地而起,姿态万千。有的像人,有的像野兽,有的像飞禽,充满了大自然的情趣,让人叹为观止。这里的草木繁盛,一年四季都郁郁葱葱。每座山下都会有山洞,每个山洞中都有乳石,这些山洞晶莹剔透,就像是一个个天然迷宫。阳朔的水清澈透明,悠悠的碧波,就像那些醒不来的美梦。唐代著名文学家韩愈曾这样形容过这里:"江作青罗带,山如碧玉簪"。阳朔是美丽的桂林山水之精华所在地,是大自然精心雕琢过的一块瑰宝。

小朋友们知道么，因为阳朔的美丽和别致，千百年过来了，这里留下了许许多多的文人墨客的赞美。孙中山、周恩来、邓小平、江泽民等都曾经在阳朔指点江山。阳朔有连绵百里的山川，视线所及的都是奇山秀水，自然景观与人文景观缠绵交织，被誉为"中国旅游名县"。

提到阳朔的景观，最有代表性的当数蝴蝶泉了！蝴蝶泉正位于阳朔的月亮山风景区之中的"十里画廊"的精华地段，因景区里一个岩洞中有一块酷似蝴蝶的钟乳石而得名。蝴蝶泉是中国最大的活蝴蝶观赏园，这里有上千种、数万只的蝴蝶翩翩起舞，与游人一起嬉戏。蝴蝶泉不仅有大批的蝴蝶，更是集奇山秀水和田园风光为一体。阳朔当地一直有"不到蝶山顶，不知阳朔景"的说法，可见蝴蝶泉是阳朔山水的典型代表。小朋友们看到这里，是不是很想赶快到阳朔去与那些美丽的蝴蝶亲密接触呢？

介绍了蝴蝶泉，下面就该给小朋友们介绍阳朔西街了。阳朔西街又被戏称为"洋人街"，这里已经有1400多年的历史了。西街一直延续着小家碧玉的南方村镇建筑的风格特点，却又有着许多有国际范儿的人文景观。西街的的酒吧饭店，工艺品书画店等店面的风格都是中西合璧，家家都有外语招牌。店里的服务员甚至街边的摊贩都能讲一口流利的英语，给西街抹上了一笔异国色彩。在西街的任何地方，你都可以看到三五成群、不同肤色的旅游者临街围坐在一起喝啤酒聊天，还有那些中西结合的家庭领着自家的混血宝宝在街上嬉戏。

阳朔还有一个不得不提的节庆，那就是漓江渔火节。渔

火节素来以漓江的"渔火""烟火""篝火"三把火作为节日的主线，再加上当地人把举办的文艺联欢和广场上的自发的文艺表演，还有各种艺术作品的展出和多种多样的文体赛事活动，使整个阳朔县城呈现出一片欢腾的景象。漓江渔火节在每年的秋天举行，历时三天，那时三把火会与碧莲峰脚下河面的"四龙出水""千盏莲灯"在水面上连成一片，构

成一幅"一江灯火满江红"的奇景。小朋友们想不想来体验一把这热闹的漓江渔火节呢？

　　阳朔作为桂林最有代表性的古镇，不仅风景秀丽，更是有千年的历史文化积淀。一个有历史的地方才能有故事，一个有故事的地方才会有风情。小朋友们如果有机会到桂林，一定要到古镇阳朔去看一看，领略阳朔不一样的风采。

客都明珠侨乡村

小朋友们知道客家吗？关于"客家"，史学界一般认为客家人是从中原南迁的汉人，他们由于受到了边疆部族的侵扰，战乱中辗转从中原迁居到了南方。然后随着时间的推移，他们再往南、往各地分散迁徙，就形成了现在客家散布在许多地区的局面。

下面要为小朋友们介绍的这个村子就与客家有着千丝

万缕的关系。侨乡村地处梅县的南口镇，就在鹿湖山下，已经有500多年的历史了，这里可是著名的华侨之乡哦！侨乡村的面积在1.5平方千米左右，这个村落由寺前、高田、塘肚三个小的自然村组成。这里是我国非常典型的一个围屋古村落，被称为"客都明珠"。

侨乡村不像我们之前讲的那些环水的古镇，它三面环山，视线所及的范围都是葱郁的绿色，围绕着村庄建造的客家围屋依着山势，一个挨着一个。别看这个村落不大，这里边的百年老屋可不少，那些历经风雨的私塾、银杏树，无一不在讲述着客家人的过往。

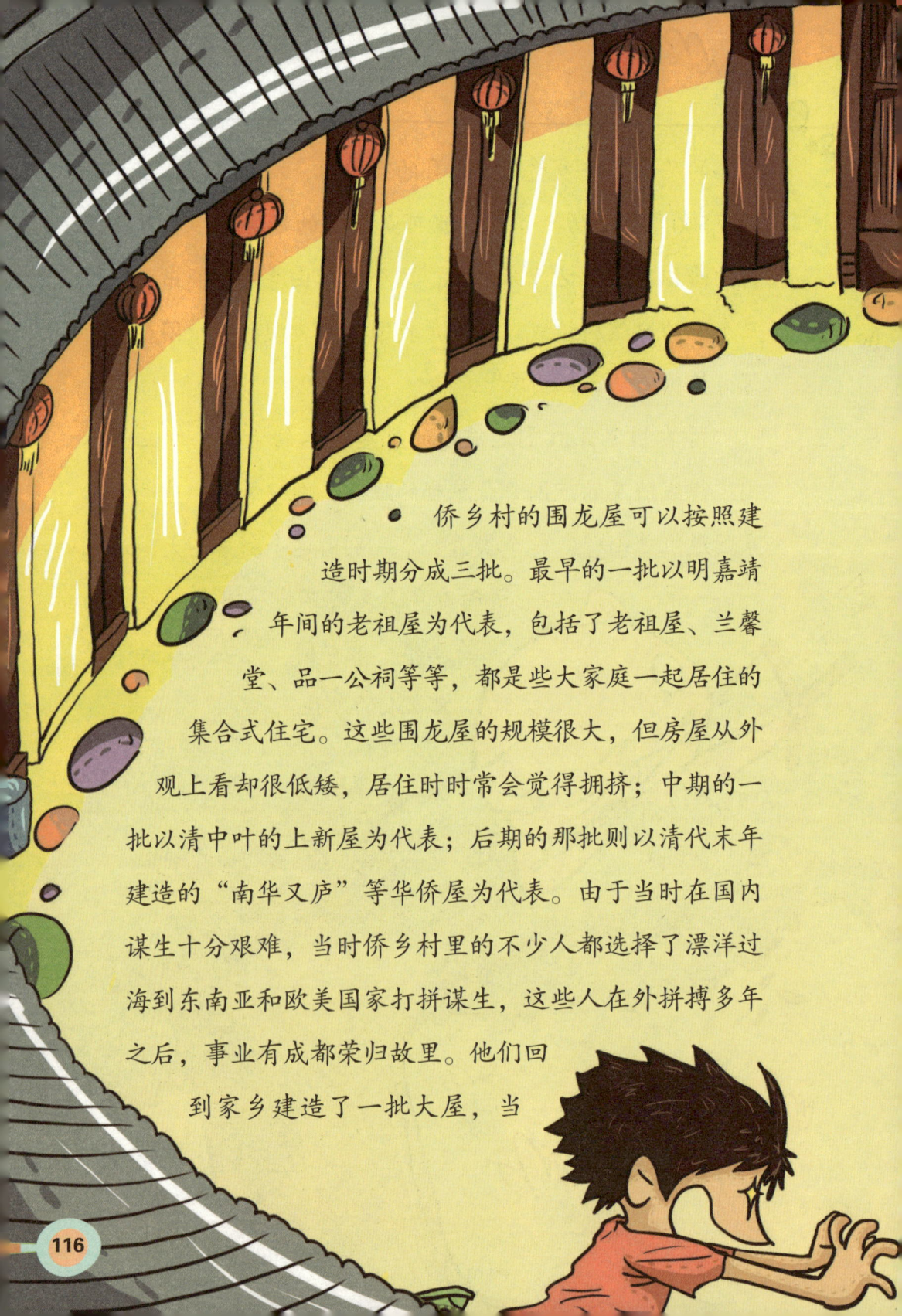

侨乡村的围龙屋可以按照建造时期分成三批。最早的一批以明嘉靖年间的老祖屋为代表，包括了老祖屋、兰馨堂、品一公祠等等，都是些大家庭一起居住的集合式住宅。这些围龙屋的规模很大，但房屋从外观上看却很低矮，居住时时常会觉得拥挤；中期的一批以清中叶的上新屋为代表；后期的那批则以清代末年建造的"南华又庐"等华侨屋为代表。由于当时在国内谋生十分艰难，当时侨乡村里的不少人都选择了漂洋过海到东南亚和欧美国家打拼谋生，这些人在外拼搏多年之后，事业有成都荣归故里。他们回到家乡建造了一批大屋，当地人把这些屋子就叫作"华侨屋"。

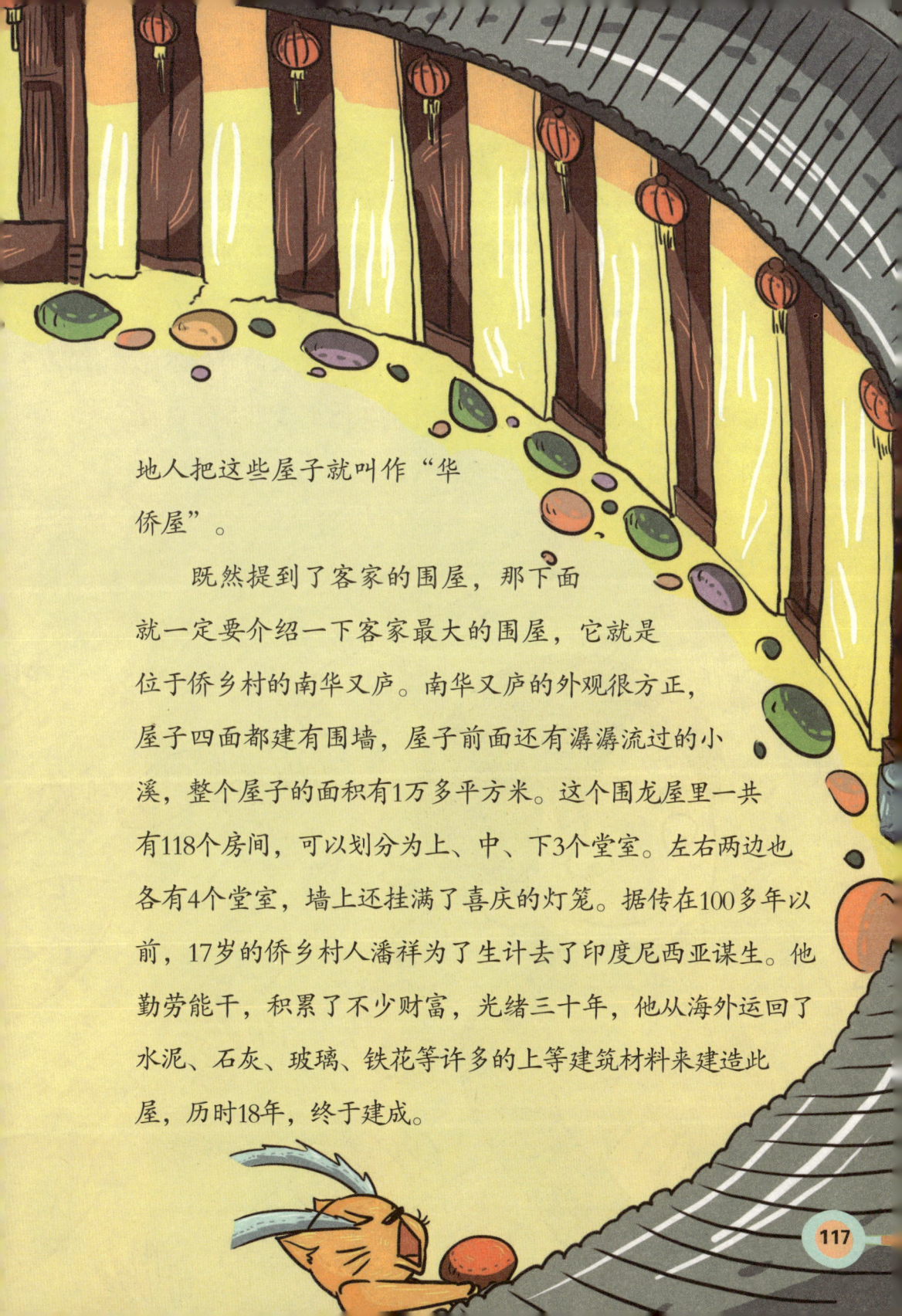

　　既然提到了客家的围屋,那下面就一定要介绍一下客家最大的围屋,它就是位于侨乡村的南华又庐。南华又庐的外观很方正,屋子四面都建有围墙,屋子前面还有潺潺流过的小溪,整个屋子的面积有1万多平方米。这个围龙屋里一共有118个房间,可以划分为上、中、下3个堂室。左右两边也各有4个堂室,墙上还挂满了喜庆的灯笼。据传在100多年以前,17岁的侨乡村人潘祥为了生计去了印度尼西亚谋生。他勤劳能干,积累了不少财富,光绪三十年,他从海外运回了水泥、石灰、玻璃、铁花等许多的上等建筑材料来建造此屋,历时18年,终于建成。

客家人还有一个很有趣的风俗叫"新屋进火"。新盖好的房子，正式搬进去住的那一天叫作"进火"。这是客家人生活中的一件大事，有很多需要注意的事项，比如进火的日子要郑重挑选，必须是良辰吉日；进火的时间一般是定在晚上，因为过早的话来人太多，会受到打扰；进火的时候不能说不吉利的话，等等。在进火之前，其他生活用品可以提前搬到新屋子里去，唯有锅碗瓢盆，一定要在进火的时候才能进屋。

进火，讲究的是"锅里有米，盆里有鱼"，也就是说，那些锅碗瓢盆不能是空着的，必须放上米和鱼肉，以祈愿未来生活富足。除了这些，还要准备红烛、燃香，还有三把柴禾。柴禾要用红线捆好。进火之时，男主人从原来住的旧房子里生好火，提着火盆，先去新屋子的厨房里。女主人要跟在后面，手提装满米的锅和红线捆着的柴禾。男主人用火盆把新屋子的火炉点燃，女主人把柴禾扔进去，这叫"添柴"，取"添财"之意，以求吉利。客家人的习俗里对"火种"有着别样的讲究，这象征着他们对于"香火延续"的重视。

接下来，小朋友们想不想知道这客家的饮食与我们有什么不同，又有那些独特的地方呢？那么我们就来说一说这客家的特色菜肴。都说到了客都明珠侨乡村，有一道菜千万不能错过，那就是客家第一大菜——酿豆腐。

小朋友们都知道，新春佳节，我们家家户户都要吃饺子，寓"岁更交子"之意。客家人自中原一路南迁到了粤东之后，仍保留着吃饺子的习俗。但岭南气候温暖，很少有人种小麦，没有面粉，所以当时的客家人想要吃一顿饺子都变成了一件非常困难的事情。

后来，有人想出了一个变通的好办法，那就是把饺子的馅料填进豆腐里，然后把豆腐煮熟了当作饺子吃，这样的食物吃起来也别有一番风味。这个好办法很快就在客家地区传开了。这就是酿豆腐的由来。

酿豆腐可以说是一种价廉物美的大众化食品。制作酿豆腐的过程很简单，就是把新鲜的瘦肉剁碎，再加入油炒过的乌咸鱼和一些已经剁碎了的虾馅，然后把它们都塞入到豆腐块中，再把豆腐块煎成金黄色下锅煮熟。酿豆腐的香味极佳，非常有特色。春秋的时候吃这种酿豆腐，是一种美妙的享受，完全不输给饺子哦！

小朋友们，侨乡村除了这些具有客家特色的建筑和食品，还有一个不能错过的美景哦！每当春季来临，这里的温度适宜的时候，侨乡村那些春节前种下的油菜花就会全部绽放出美丽的花朵，连片的油菜花为美丽的侨乡村增添了新的亮点。黄色的油菜花充满了蓬勃的生命感和美感，吸引了无数的游客。

小朋友们若是对客家文化感兴趣，一定要到这充满客家地道风韵的古镇来看一看哦，相信小朋友们一定会有所收获的！

围龙屋

围龙屋是我国客家文化中非常著名的特色民居。这种围屋最开始兴建于唐宋，兴盛于明清。狭义的围屋指的是单纯的围龙式的围屋，而广义的围屋可以指各种各样的客家围楼或围屋。广义上的客家围屋的外形可以分为同心圆形、半圆形和方形三种类型。偶尔也有椭圆形状的。围屋是中国五大民居特色建筑之一。只要有客家人聚居的地方，我们就能够见到围龙屋的踪迹，像我国大陆南部的广东省、福建省，还有台湾的屏东、云林、台中东势等等地方。